Mãe de Milagres
Nossa Senhora Aparecida

Direção geral: Fábio Gonçalves Vieira
Capa: Rafael Félix
Ilustrações: Cleber dos Santos Rodrigues
Preparação, diagramação e revisão: Bruno Castro

Este livro segue as regras da Nova Ortografia da Língua Portuguesa.

Editora Canção Nova
Rua João Paulo II, s/n
Alto da Bela Vista
12 630-000
Cachoeira Paulista – SP
Tel.: [55] (12) 3186-2600
E-mail: editora@cancaonova.com
loja.cancaonova.com
Twitter: @editoracn

Editora Santuário
Rua Pe. Claro Monteiro, 342
Centro
12 570-000
Aparecida – SP
Tel.: [55] (12) 3104-2000
Vendas: 0800 16 00 04
E-mail: vendas@editorasantuario.com.br
editorasantuario.com.br

Todos os direitos reservados.

ISBN: 978-85-7677-897-4

© EDITORA CANÇÃO NOVA, Cachoeira Paulista, SP, Brasil, 2017

WALLACE ANDRADE

Mãe de Milagres
Nossa Senhora Aparecida

Canção Nova
EDITORA

EDITORA
SANTUÁRIO

Dedico este livro ao meu pai, Adolpho Lomeu de Andrade, que só teve doze anos para ser pai e me ensinar a ser católico de verdade, à minha avó Berenice Manhães Lírio, que me ensinou quem é Nossa Senhora Aparecida, à minha mãe Emilce Manhães de Andrade, que me ensinou a rezar a Ave-Maria e a cantar Mãezinha do Céu, à minha esposa Valéria, que me ensinou a rezar o Santo Terço, e ao meu filho Davi, que me ensinou a agradecer à Mãe de Milagres pelas graças que alcançamos por sua intercessão.

Sumário

Agradecimentos 7
Prefácio 9
Introdução 11
1. A Mãe de Milagres 19
2. A pesca milagrosa 27
    Ave-Maria 40
3. O milagre das velas 41
    Salve, Rainha 53
4. O milagre da menina cega 55
    Oração a Nossa Senhora Aparecida 68
5. O milagre do menino afogado 69
    Consagração da Juventude a Nossa Senhora Senhora Aparecida, Mãe de Jesus Cristo 82
6. O milagre do cavaleiro 83
    Oração pelas famílias dos devotos 95
7. O milagre do escravo Zacarias 97
    Cântico de Maria 111

8. O MILAGRE DO CAÇADOR E A ONÇA-PINTADA 113
    A onça-pintada 118
    O caçador 120
    A Mãe de Milagres... 121
    Consagração a Nossa Senhora 125

9. OS MILAGRES DE HOJE – TESTEMUNHOS............................ 127
    Rosí Figueiredo 130
    Erink Marcelo Farias e Maria Francisca Velasco 132
    Ana Paula Santana, Samuel Santana e Jocimar Santana
    de Oliveira 134
    Marcelo e Ana Coli 136

10. O AUTOR E A MÃE DE MILAGRES 139

11. ORAÇÃO DE CONSAGRAÇÃO
    A NOSSA SENHORA APARECIDA.. 155

Agradecimentos

Agradeço ao Mons. Jonas Abib, que me motivou a colocar meus dons a serviço do Senhor, ao meu irmão de comunidade, Rodrigo Luiz, que me provocou e incentivou a escrever *Mãe de Milagres*, e às minhas inesquecíveis professoras de Português: Tia Lizette, que me ensinou o jeito certo de ler um livro, e Sandra Viana, que me ensinou a mergulhar no interior das pessoas antes de noticiar qualquer informação sobre elas.

Prefácio

Naqueles dias, Maria se levantou e foi às pressas às montanhas, a uma cidade de Judá. Entrou em casa de Zacarias e saudou Isabel.
(Lc 1,39-40)

Esses dois versículos do primeiro capítulo do Evangelho de São Lucas são de grande importância para a celebração da Visitação de Nossa Senhora, lembrada no dia 25 de março do Ano Litúrgico.

A Virgem Maria, assim que soube, por intermédio do Arcanjo São Gabriel, que sua prima Isabel se encontrava grávida havia seis meses, foi imediatamente ao seu encontro para ajudá-la. Desde então, por amor de mãe e por obediência ao seu amado Filho, e com uma solicitude impressionante, ela tem feito muitas visitas, levando a Boa Notícia da salvação à humanidade que pareceu se esquecer da existência de Deus.

Quem não se comoveu com as Aparições da Santíssima Virgem em Guadalupe, no México, em Fátima, Portugal, em

Lourdes, na França, e em tantos lugares que a Igreja por prudência ainda não aprovou?

Wallace Andrade, como um bom missionário, jornalista e filho amado de Deus e da Santíssima Virgem, através deste livro, nos introduz de forma envolvente na história desta grande e bonita manifestação da Mãe Aparecida, como nós brasileiros de forma carinhosa a chamamos.

À medida que vamos lendo os capítulos, a nossa alma vai se enchendo de esperança e de amor a Jesus Cristo.

Que a Virgem Aparecida nos ajude a compreender que Jesus veio para "anunciar a boa nova aos pobres, sarar os contritos de coração, aos cegos a restauração da vista, para pôr em liberdade os cativos e para publicar o ano da graça do Senhor" (Lc 4,18-19).

Com certeza, a leitura deste livro neste ano de comemoração dos trezentos anos da aparição de Nossa Senhora da Conceição Aparecida, no Vale do Paraíba, vai levar cada leitor a se sentir amparado pelo amor da Mãe.

Pe. José Augusto Souza Moreira
Vice-Presidente da Comunidade Canção Nova

Introdução

Nunca imaginei que um dia eu poderia ter a graça e honra de falar de Nossa Senhora em um livro. Ao me debruçar sobre a história dos primeiros milagres atribuídos à intercessão de Nossa Senhora da Conceição Aparecida que foram registrados no Vale do Paraíba e documentados pela Igreja, comecei a fazer belas descobertas. A pesquisa, a princípio, tinha como objetivo embasar uma série de reportagens para o telejornal da TV Canção Nova. Mas, sem perceber, fui sendo envolvido por sentimentos e pequenos acontecimentos – que chamo aqui de *sinais* – de modo que, quando dei por mim, tinha entrado em um caminho repleto de devoção e milagres.

Estou certo de que foi a Mãe de Milagres que inspirou meu irmão de comunidade, missionário e editor-chefe, Rodrigo Luiz, a me propor a ideia de reunir em um livro as experiências que tive e as reportagens delas derivadas, a partir de relatos dos pequenos e grandes feitos do Senhor através da intercessão da Virgem Aparecida.

Sem dúvida, foi Nossa Senhora que me mostrou os detalhes da minha história, desde os primeiros anos de vida, para me estimular a dar o melhor de mim nas reportagens que se tornaram o ponto de partida para este conteúdo que aqui descrevo. Tenho certeza que a Mãe do menino Jesus sempre esteve em minha vida desde o berço, quando meu sono era embalado pela voz serena de minha mãe Emilce, a cantar *Mãezinha do Céu* nos primeiros anos de minha vida, entre 1966 e 1970.

O início da década de setenta tem um grande significado em minha vida, porque foi quando comecei a perceber que, além de uma dedicada mãe, também tinha uma avó muito inspirada. Às vezes, acordava ouvindo Dona Berenice cantarolando, enquanto encarava o tanque cheio de roupas:

Ó jardineira, por que estás tão triste?
Mas o que foi te aconteceu?
Foi a camélia que caiu do galho, deu dois suspiros e depois morreu!
Vem, jardineira, vem meu amor...
Não fique triste, que este mundo é todo teu
Tu és muito mais bonita que a camélia que morreu!
(Marchinha de carnaval gravada por Orlando Silva em 1939)

Além de estimular meus pequenos ouvidos a tomar gosto pela música, apesar dos tons muito altos para um início de manhã, minha vovozinha também começava a abrir as portas do meu coração para uma religiosidade escondida numa das partes do seu "guarda-vestidos". Acho que, além dela, só meu avô Chico sabia do pequeno altar que ela tinha numa das prateleiras do antigo móvel de mogno lustrado.

Foi num pequeno descuido dela, que entrei no quarto e dei de cara com aquela linda imagem de Nossa Senhora Aparecida. Logo percebi algo diferente e que me prendia o olhar. Mesmo para uma criança de cinco ou seis anos, o impacto que uma imagem assim causa é forte. O azul do manto, o rosto e as mãos negras e a coroa sobre a cabeça disseram muito àquele coração infantil.

Depois de algum tempo, descobri que diante daquela imagem vovó Berenice pedia pelos onze filhos e mais de trinta netos que brincavam no quintal da casa nos dias de aniversário e Natal. E a devoção dela não se limitava às orações em segredo à beira da cama, em frente ao pequeno altar, ou de joelhos, a suplicar pelas duras situações familiares.

Pelo menos uma vez por ano, Dona Berenice desaparecia por alguns dias e eu, com minhas importantes atividades – entre elas, riscar o triângulo no chão para jogar bola de gude, ou subir no pé de carambola para saborear a fruta da minha infância – nem desconfiava que vovó viajava quase 600 km de ônibus para visitar a Mãe de Milagres na cidade de Aparecida, no Vale do Paraíba, em São Paulo.

Fico imaginando aquela bela senhora de traços portugueses desembarcando na terra da Padroeira do Brasil e correndo para perto da imagem de Nossa Senhora da Conceição Aparecida, para partilhar suas lágrimas de dor e de alegria. Fico imaginando Dona Berenice partilhando as lutas que enfrentou para alimentar onze pequenas bocas que nasciam quase que um ano após o outro.

Naquela época de partos normais, em que não se sabia previamente o sexo da criança, e a roupa se lavava no tanque de alvenaria, com uma pedra de sabão de coco nas mãos, acredito que a mulher era muito mais guerreira do que podemos imaginar nos tempos atuais. Afinal, hoje as cesarianas ocorrem com data marcada e os enxovais são de cores predefinidas, já que o sexo já é conhecido nos exames pré-natais; além disso, as supermáquinas de lavar roupas e louças fazem tudo sozinhas, de modo que nem dá tempo de cantar o refrão de uma nova canção.

Foi essa "guerreira" que clamava a intercessão da Mãe, para alcançar os milagres de que precisava na criação dos filhos, na providência de trabalho do marido pedreiro e na diabetes que já travava uma luta séria contra seu corpo e sua saúde. Certamente, minha vozinha pedia a Nossa Senhora para ajudar que a ferida na perna esquerda se fechasse – uma ferida que não parava de coçar nunca e que, por isso, estava sempre aberta, cheia de pomada e curativos.

Também imagino a matemática que vovó devia fazer para comprar tantas lembrancinhas da padroeira Aparecida para os filhos, filhas, noras, genros, netos e netas. Todo mundo ganhava algum agrado, nem que fosse um chaveiro ou uma miniatura da imagem de Nossa Senhora. Não esqueço o dia em que ganhei a pequena imagem de metal com um ímã no fundo, que me dava a chance de prendê-la na porta da geladeira ou no quadro da bicicleta de meu pai.

Colhendo esses fragmentos de minha infância, comecei a perceber o quanto Nossa Senhora da Conceição Aparecida foi tão importante em minha religiosidade. E foi percorrendo a via de milagres da Padroeira do Brasil, que pude constatar que o tempo todo temos uma porta aberta à espera de nosso primeiro passo rumo à descoberta de que existe uma maternidade suprema. É possível perceber, nos pequenos detalhes, que é sempre possível mudar, se realmente tivermos a disposição para alterar a rota de colisão com as coisas mundanas; encontramos, assim, com o auxílio da Virgem Maria, o rumo certo e o lugar ideal e necessário para nosso crescimento interior.

Basta observar um grupo de peregrinos reunidos com o terço na mão, para que eu entre na máquina do tempo de minha história e me veja no meio da sala de minha pequena casa, onde um grupo de pessoas ajoelhadas rezava a ladainha de Nossa Senhora. Foi nesse ambiente mariano, no meio da década de setenta, que as orações e súplicas daquele povo gravavam o sentido da devoção em meu coração que, aos poucos, amadurecia.

Ao notar que a história de Nossa Senhora da Conceição Aparecida é repleta de milagres que começaram a acontecer com joelhos no chão, rostos banhados em lágrimas e corações ao alto, não tive mais dúvidas de que esse pequeno conteúdo dedicado à Mãe de Milagres precisava acontecer. Creio que Nossa Senhora queria que, antes de tudo, eu mesmo fizesse a experiência com essa devoção; tanto foi assim que, nos dias em que visitei o Santuário Nacional de Aparecida para a realização das reportagens, só encontrei motivos para aumentar essa experiência de filho acolhido.

No parágrafo 21 da Exortação Apostólica *Marialis Cultus*, para a reta ordenação e desenvolvimento do culto à Bem-aventurada Virgem Maria, o Santo Padre Paulo VI nos ensina:

> Exemplar de toda a Igreja, no exercício do culto divino, Maria é também, evidentemente, mestra de vida espiritual para cada um dos cristãos. Assim, bem cedo os fiéis começaram a olhar para Maria, a fim de, como ela, fazerem da própria vida um culto a Deus, e do seu culto um compromisso vital.

Hoje, estou convicto de que, na simplicidade de minha avó, Berenice, na docilidade de minha mãe, Emilce, e na determinação daquelas pessoas que se juntavam para rezar a Ladainha de Nossa Senhora, fui sendo introduzido nesse exercício do culto divino, a que se refere Paulo VI. Não tenho como negar que Maria se tornou mestra de minha vida espiritual e hoje, ao olhar para aquela pequena imagem no nicho do Santuário Nacional de Aparecida, sou estimulado a fazer de minha vida um culto a Nosso Senhor e a todos os compromissos que tenho firmado com Deus como missionário, como músico, como jornalista mas, principalmente, como esposo e pai.

Afinal de contas, é impossível olhar para a imagem da Padroeira do Brasil, sem pensar na pequena e primeira igreja que se chama *família*. Maria Aparecida nos remete à Sagrada Família e, ao percorrer os corredores do Santuário Nacional, passando pelas salas específicas das velas, dos milagres, das confissões, nos deparamos sempre com modelos variados de família – mas todos com o coração voltado para Nossa Senhora e a ela unido.

No mesmo parágrafo 21 da Exortação Apostólica *Marialis Cultus*, o Santo Padre Paulo VI nos recorda que, no século IV, Santo Ambrósio estimulava os fiéis a terem a alma de Maria, para glorificar a Deus: "Que em cada um de vós haja a alma de Maria para bendizer o Senhor; e em cada um de vós esteja o seu espírito, para exultar em Deus!".

Ao percorrer todo esse trajeto de belas lembranças da infância e inesquecíveis experiências com a história dos milagres documentados pela Igreja, que fui tomado pelo desejo de espalhar esse "perfume" que só quem se aproxima da Virgem Maria é capaz de sentir. Nas páginas seguintes, farei todo esforço possível para que cada gota desse valioso frasco seja cuidadosamente espalhada, e que essa fragrância de raro valor seja aproveitada, a cada segundo, por todos os que puderem experimentar desse conteúdo.

Que, em cada página, eu e você possamos sentir o quanto é possível se aproximar ainda mais da Mãe de Jesus e nossa mãe, e o quanto podemos sentir com mais intensidade que somos seus filhos. Que Nossa Senhora da Conceição Aparecida esteja com você em cada minuto do seu precioso tempo que você dedicar à leitura deste conteúdo.

Deus o abençoe!

WALLACE MANHÃES DE ANDRADE

1. A Mãe de Milagres

NAS INÚMERAS VEZES em que estive no Santuário Nacional de Aparecida, nos últimos anos, precisei refletir no mais profundo do meu ser para discernir os motivos que levavam, e ainda levam, milhares de pessoas àquele lugar tão especial para o Brasil e para o mundo. Ali se percebem, transitando constantemente pelas alamedas e lugares sagrados do Santuário, olhares distantes, lábios tremulantes a balbuciar orações pessoais e corações cheios de expectativa, à espera da intercessão da Mãe para ver os milagres se cumprirem.

De tanto buscar minha introspecção e oração silenciosa, comecei a colher sinais e confirmações de que esse lugar é da Mãe de Milagres, e de que uma mãe acolhe todos os filhos, independentemente da forma como estão vivendo sua espiritualidade e busca de salvação.

Para entender ainda mais o nascimento de uma devoção é preciso constatar que, desde os primeiros séculos, o carinho dos povos para com Nossa Senhora tem criado inúmeras invocações, para definir com detalhes as aparições e graças atribuídas à intercessão da Mãe de Deus.

Há invocações que são definidas por natureza litúrgica; estas são criadas pela Igreja e estão relacionadas às comemorações próprias da Liturgia. As invocações de natureza histórica compreendem as tradições surgidas ao longo da história do cristianismo, e se referem aos lugares onde determinado culto à Virgem Maria foi iniciado. Por fim, temos as invocações de natureza popular; trata-se daquelas que surgem da devoção espontânea do povo, conforme suas necessidades.

Conta a tradição da Igreja que as primeiras imagens da Virgem Maria, retratadas em forma de pinturas nas catacumbas, em ícones e mosaicos bizantinos, tiveram como base o "retrato da Virgem Maria" pintado por São Lucas.

Já as representações iconográficas são baseadas nas diversas fases da vida de Nossa Senhora. Desde sua infância, a concepção (Imaculada Conceição), a encarnação do Verbo de Deus, a maternidade, a paixão de seu Filho, sua glorificação e a veneração a Maria.

É bom que se entenda que, na Igreja, existem distintos tipos de culto. Um deles é o culto de *latria*, que é a adoração prestada somente a Deus. Isso porque Ele é o supremo Senhor de toda vida e de todo o universo – assim, confessamos que tudo depende Dele. Temos também o culto de *dulia*, que é a veneração prestada aos santos. E, em se tratando da Virgem Maria, que está acima de todos na corte celeste, é prestado a ela um culto especial de veneração, chamado de *hiperdulia*.

A veneração a Maria fez multiplicar as inúmeras invocações e "sobrenomes" atribuídos à Mãe. Entre as centenas já catalogadas, estão a de Nossa Senhora da Conceição Aparecida, cujos milagres atribuídos à sua intercessão e documentados pela Igreja narramos aqui. Há outros exemplos, como Nossa Senhora da Abadia, que teve sua imagem encontrada perto da Abadia de Bouro, na arquidiocese de Braga, Portugal; Nossa Senhora da Ajuda, que relembra Maria junto à Cruz, implorando a Deus pelo gênero humano; Nossa Senhora do Amparo, para relembrarmos Jesus crucificado, entregando Maria como Mãe de todos os homens; Nossa Senhora dos Anjos, para relembrar Maria como Rainha das cortes celestes – essa invocação também faz alusão à cidade de Assis, Itália, local para onde havia sido levado um pedaço do túmulo da Virgem e onde se ouvia sempre o canto dos anjos. Existem ainda muitos outros títulos, como Nossa Senhora de Guadalupe, no México, e Nossa Senhora de Fátima, em Portugal.

Vamos nos deter na história e na veneração à Nossa Senhora da Conceição Aparecida, a forma como Nossa Senhora é carinhosamente chamada no Brasil. A imagem venerada e vestida com um manto azul, achada por três pescadores nas águas do rio Paraíba do Sul, fica exposta na Basílica de Nossa Senhora Aparecida, em Aparecida, interior do Estado de São Paulo. A festa em sua homenagem é celebrada no dia 12 de outubro desde 1980, ano em que a Basílica foi consagrada pelo Papa São João Paulo II, em sua primeira visita ao Brasil.

Ao voltar um pouco no tempo, paramos no dia 17 de dezembro de 1928, quando a vila que cresceu em volta da Basílica, e que pertencia ao município de Guaratinguetá, ficou independente e se tornou o município de Aparecida do Norte, hoje chamado apenas de Aparecida. E foi nessa cidade no Vale do Paraíba, localizada no eixo entre o Rio de Janeiro e São Paulo, que se ergueu o Santuário de Nossa Senhora da Conceição Aparecida, considerado o maior Santuário no mundo dedicado a Maria, Mãe de Deus.

Avançando um pouco mais o relógio do tempo, chegamos a 10 de setembro de 1946, data em que era lançada a pedra fundamental da Basílica Nova. Já no dia seguinte, era celebrada a primeira missa no local. A construção do Santuário teve início somente em 11 de novembro de 1955, e o primeiro atendimento aos romeiros só ocorreu em 21 de junho de 1959.

Em 1967, na festa de 250 anos da devoção, o Papa Paulo VI ofereceu ao Santuário a Rosa de Ouro, gesto repetido pelo Papa Bento XVI, que ofereceu outra Rosa, em 2007, por ocasião de sua Viagem Apostólica ao país, reconhecendo a importância da devoção a Nossa Senhora Aparecida e do Santuário de Aparecida para o Brasil.

As atividades religiosas no Santuário, em definitivo, passaram a ser realizadas no dia 3 de outubro de 1982, quando aconteceu a transladação da Imagem Milagrosa da Antiga Basílica para a Basílica Nova. E, em 1983, a Conferência Nacional dos Bispos do Brasil – CNBB – declarou, oficialmente, a Basílica de Aparecida como Santuário Nacional.

Hoje, o Santuário é um grande centro de evangelização, com o zelo apostólico dos Missionários Redentoristas, que estão à frente dessa obra desde 1894 e são responsáveis pela pastoral e pela administração, no atendimento aos romeiros e peregrinos que chegam de todas as partes do país e do exterior.

Mas é preciso dizer que, se tantos passos foram dados ao longo dos últimos três séculos, foi porque algo de extraordinário aconteceu e continua a acontecer na vida das pessoas. Uma visita mais cautelosa, e sem a pressão das horas, torna possível o entendimento claro de que, em cada história ali relatada, em cada objeto ali deixado em agradecimento, em cada fragmento de fé ali depositado, está explicado tanto empenho em tornar esse lugar cada vez mais sagrado.

É, sem dúvida, um dos lugares escolhidos por Nossa Senhora para expressar seu carinho e seu amor por cada ser humano, principalmente os brasileiros. Essa história, com capítulo inicial em outubro de 1717, ainda não chegou ao seu "epílogo". E não tenho nenhum receio em dizer que todos os dias as páginas desse relato ganham novos e emocionantes episódios de gente que experimentou esse amor incondicional de mãe.

Nossa Senhora da Conceição Aparecida está presente na vida do operário que rezou e trabalhou por vários anos, para conseguir comprar sua moradia. E no dia em que isso aconteceu, ele nem teve coragem de entrar em casa, antes de viajar três mil quilômetros até o Santuário Nacional e agradecer à Mãe de Milagres a compra de sua casa própria. Ela também está na história de tantas outras pessoas, que viveram ou ainda vão viver um milagre, através de sua intercessão.

A Mãe Aparecida é a mesma que demonstra, no Evangelho segundo Lucas, solicitude e preocupação com o próximo. A mesma que não pensa em si própria, mas no que pode fazer pelo outro.

> Naqueles dias, Maria se levantou e foi às pressas às montanhas, a uma cidade de Judá. Entrou em casa de Zacarias e saudou Isabel. (Lc 1,39-40)

Esse encontro inesquecível para Isabel, Zacarias e João Batista, descreve como nossa Mãe cultivou e continua a cultivar tantos pelo mundo. Quantas pessoas você conhece que seriam capazes de deixar de lado seus compromissos, para correr ao encontro de alguém que precise de sua companhia? Só mesmo as almas mais íntimas de Nossa Senhora são capazes de tal desprendimento.

Fui buscar numa estradinha quase deserta, que liga a rodovia Presidente Dutra à Serra da Bocaina, essa personagem da vida real que se afeiçoa e até mesmo imita a Virgem Maria. Seguia de carro com meu filho, que tirava uma soneca no banco de trás, quando passei por uma senhora caminhando à beira da estrada com um saco imenso e aparentemente pesado nas costas. Compadecido com a cena que acompanhava pelo para-brisas do carro – mas que ficara gravada na memória – resolvi voltar atrás daquela pobre senhora. Quando me aproximava dela, percebi o semblante cansado, os pés calçando uma sandália humilde, bem surradinha, e o saco de estopa, daqueles de sessenta quilos, com quase metade preenchida. Perguntei se queria uma carona, e imediatamente ela aceitou.

Sentou-se com dificuldades no banco do carro e deu um belo suspiro de alívio. Ajeitou o saco no piso do carro, fechou a porta e abriu o livro de sua vida para mim. "Meu nome é Vera, moro lá pra cima da Bocaina, mas onde o senhor me deixar, já vai ajudar bastante!" Dona Vera já tinha caminhado quase dez quilômetros com todo aquele peso nas costas. Vinha de um lugarejo chamado Embauzinho, passando pelo Centro de Cachoeira Paulista/SP, e seguia para sua casa numa estradinha de chão próxima ao pé da Serra da Bocaina. Minha curiosidade de jornalista ficava aguçada, e a primeira pergunta era: o que ela trazia naquele saco? "Meu filho, eu trago aqui de tudo um pouco, e tem também um cachorrinho que ganhei, para me fazer companhia. Tinha uma cadela, mas roubaram ela de mim." Enquanto lamentava a perda da vira-latas, o filhote tentava escapar do saco.

Então, perguntei por que estava vindo de tão longe. Sua resposta me fez lembrar do esforço que Nossa Senhora fez para visitar a prima Santa Isabel. Dona Vera tinha ido visitar uma prima, que morava no Embauzinho. "Fiquei sabendo que minha prima estava acidentada e então resolvi ir fazer uma visitinha e ajudar um pouco nas coisas da casa. Agora ela está melhor, então estou voltando para minha casinha, meu filho... para a minha vidinha aqui!", finalizava a senhora de 65 anos.

Com olhos marejados, resolvi explorar um pouco mais aquele "livro" tão lindo e que certamente poucos tiveram a chance de ler. Perguntei se ela vivia sozinha, e a resposta foi surpreendente: "Tenho nove filhos, mas nenhum deles vem me visitar. Meu companheiro me deixou faz muitos anos, porque não gostava de me ver na igreja. Ele bebia muito e então resolveu ir embora. Nunca mais o vi".

Chegando ao ponto combinado, ela pediu para parar o carro. A igrejinha é a única referência de Dona Vera, para não errar o caminho de casa e nem do céu! "Moço, aqui está bom. Muito obrigado por essa linda carona, e que Deus acompanhe o senhor e seu filho!" Enquanto via dona Vera seguir sua trilha, fiquei imaginando quantos passaram por Nossa Senhora, a caminho da casa de Santa Isabel, e perderam a chance de conhecer a mãe do menino Jesus.

Agradeço ao Senhor por ter me agraciado com esse presente na véspera dessa festa da Igreja, chamada de Visitação de Nossa Senhora, celebrada no dia 31 de maio.

Que possamos aprender que a falta de um veículo, uma condução, um cavalo ou camelo, nunca vai ser motivo para impedir que a misericórdia para com o próximo aconteça. O único obstáculo que pode impedi-la de acontecer é a nossa falta de ânimo e de vontade!

Que a Virgem Maria nos ensine a olhar o próximo com o mesmo zelo de quem olhou e viu que o vinho tinha acabado! De quem olhou a longa estrada e não teve medo de seguir a pé todo o trajeto para ajudar quem precisava muito, principalmente de sua presença!

> O Espírito do Senhor está sobre mim, pois ele me ungiu, para anunciar a Boa-Nova aos pobres: enviou-me para proclamar a libertação aos presos e, aos cegos, a recuperação da vista; para dar liberdade aos oprimidos e proclamar um ano aceito da parte do Senhor. (Lc 4,18-19)

2. A pesca milagrosa

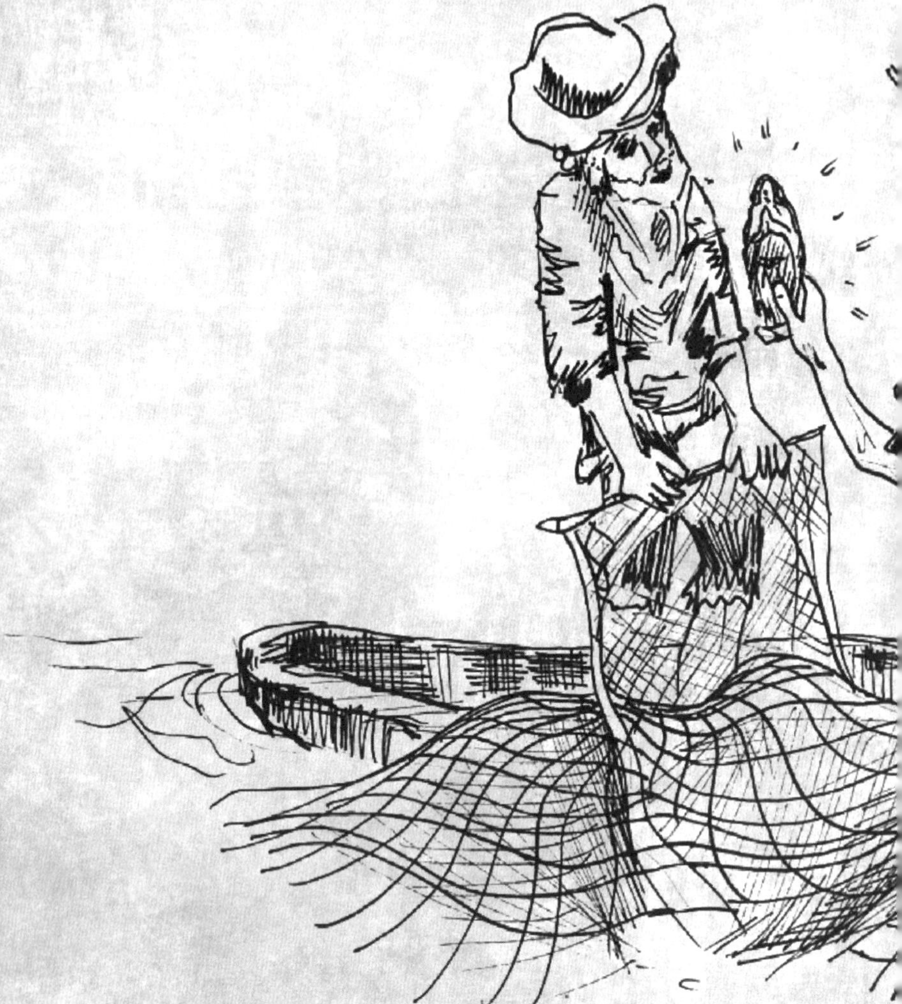

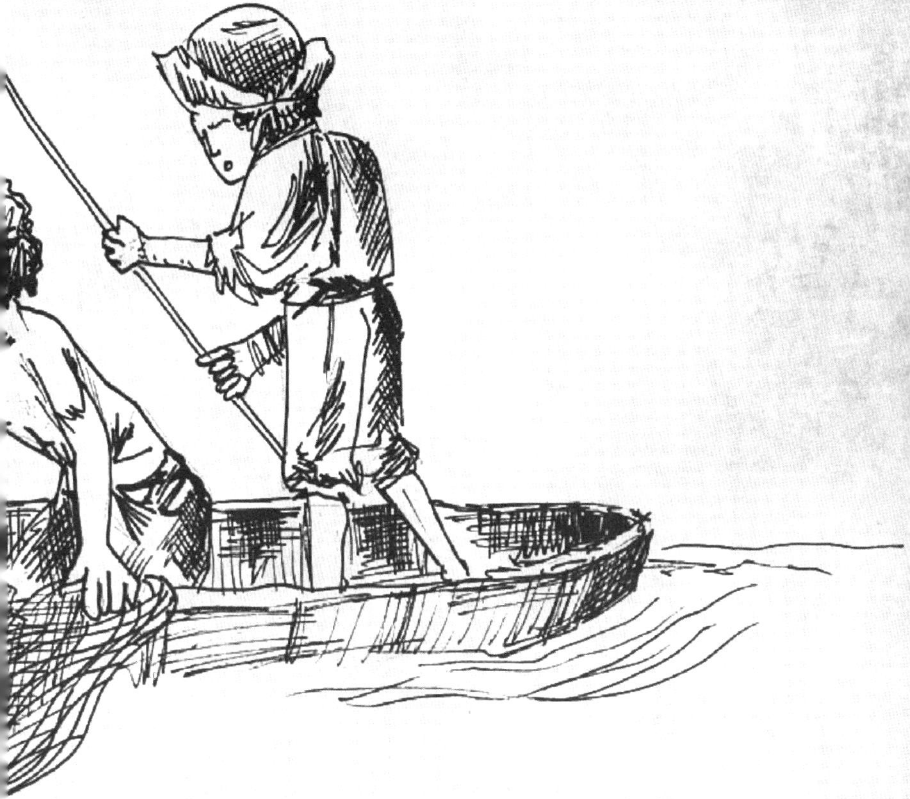

Estamos nos anos de 1700, tempo da expansão global das navegações, com milhares de navios que compunham as frotas europeias operando em rotas cada vez mais longas. Eu não duvido que as descobertas do Brasil e das Américas, nos anos de 1500, tenham motivado ainda mais essa busca por "elos perdidos". O homem já se empenhava bastante para isso e, por conta desse aumento da navegação para longas distâncias, cresceu também a perda de navios, que naufragavam ou encalhavam em lugares desconhecidos. Naquela época, não era o GPS que orientava o capitão e seus marujos, mas as cartas náuticas e algumas lunetas operadas por marinheiros que ficavam no alto do mastro. E, com tantos acidentes marítimos, a caça aos tesouros perdidos no fundo dos mares e rios ganhava naquela época uma ferramenta importante.

Em 1717, o astrônomo e matemático britânico Edmond Halley, célebre observador da órbita da terra e que conseguiu decifrar o intervalo de tempo do cometa Halley, acabara de completar suas descobertas entre a pressão atmosférica e a altura do nível do mar. Seus planos de exploração marítima resultaram na construção de um sino de mergulho, considerado o mais aprimorado da época. E, para provar que sua engenhoca era capaz de se manter submersa por longos períodos no fundo dos oceanos e rios, Dr. Edmond fez uma demonstração, acompanhado de cinco amigos, no rio Tâmisa. O sino desceu com ele e sua equipe a dezoito metros de profundidade, e permaneceu lá por uma hora e meia. Pela janela do equipamento, eles tinham facilidade de apreciar o mundo subaquático e toda sua riqueza. Esse equipamento abriria as portas das pesquisas e explorações de naufrágios da época.

No mesmo ano, aqui no Brasil, três pescadores nem imaginavam que aquela tecnologia de ponta dava passos importantes para os que dependeriam, no futuro, de cálculos e planilhas para desenvolver melhor a pesca e localizar com mais facilidade os cardumes e tesouros escondidos no fundo das águas. Os três pecadores estavam preocupados mesmo era com uma missão importante – e praticamente impossível – designada a eles: conseguir boa quantidade de peixes para o banquete que seria servido na Vila de Santo Antônio de Guaratinguetá, na Província de São Paulo, numa época do ano em que havia escassez de peixe.

A pequena aldeia receberia a visita do Conde de Assumar, Dom Pedro de Almeida e Portugal, que era o então Governador da Província de São Paulo e Minas Gerais. A visita da comitiva era feita em carruagens e cavalarias; por isso, era um tanto quanto longa, se comparada aos dias de hoje, com helicópteros que pousam em qualquer lugar e carros de vidros blindados capazes de percorrer, em menos de duas horas, o trajeto da capital paulista até a cidade de Aparecida. A comitiva do Conde de Assumar visitaria a região entre Jacareí e Taubaté, entre os dias 17 e 30 de outubro de 1717.

A notícia que chegara à Vila de Santo Antônio de Guaratinguetá era a de que o Conde de Assumar também passaria por lá, e que o ilustre visitante não havia concordado em comer carne de macaco e saúvas – as chamadas "içás", até hoje tão concorridas em algumas cidades do Vale do Paraíba. Daí a preocupação da equipe de festa que organizava a recepção ao Governador da Província, e a missão árdua designada aos três destemidos pescadores.

O trabalho de João Alves, o mais jovem – que era sobrinho de Felipe Pedroso e filho de Domingos Garcia – não seria fácil. Antes de colocar a canoa nas águas, eles rezaram a Deus e à Virgem Maria para cumprir essa missão. O rio Paraíba do Sul estava em uma fase de escassez, e não se tirava praticamente nada das águas naqueles dias. Os três comprometidos pescadores percorreram onze quilômetros contra a correnteza, lançando as redes de um lado e do outro. E, cada vez que puxavam os fios da malha, trançados artesanalmente, os três pares de olhos se fixavam no fim do emaranhado de rede, para ver se havia algum movimento... mas nada constatavam, além de mato desprendido do fundo do rio.

Os olhos se fechavam desiludidos, e os lábios se apertavam um contra o outro, aumentando na testa a ruga de preocupação. Os braços estavam cansados de tanto remar, lançar e puxar redes – certamente João, Felipe e Domingos já não acreditavam mais na possibilidade de encontrar peixes que agradassem ao paladar do Conde de Assumar. Com pensamentos distantes, os três já imaginavam a decepção que causariam por voltarem de canoa vazia para a Vila, onde todos da equipe de festa aguardavam com tigelas e facas afiadas para começar a limpeza dos peixes que seriam degustados pelo Governador.

Já meio sem forças físicas e emocionais, o trio arremessa a rede logo após uma das curvas do rio, onde hoje está o porto de Itaguaçu, em Aparecida. O arremesso foi perfeito, como os outros, e a rede exibiu uma bela circunferência no ar, antes de mergulhar esparramada no fundo do rio. Só que, ao começarem a puxar a rede, eles perceberam que havia um peso diferente. Imagino o coração daqueles homens pulsando de forma mais rápida, o "seco" na garganta e, lá no fundo do pensamento, outra interrogação gritando: "Será que agora vem alguma traíra para salvar a madrugada?".

Sim, a pesca sem sucesso, *até ali*, já tinha durado a noite toda – o que também nos remete a outra pesca narrada nas Sagradas Escrituras:

> Certo dia, Jesus estava à beira do lago de Genesaré, e a multidão se comprimia a seu redor para ouvir a Palavra de Deus. Ele viu dois barcos à beira do lago; os pescadores tinham descido e lavavam as redes. Subiu num dos barcos, o de Simão, e pediu que se afastasse um pouco da terra. Então sentou-se e, do barco, ensinava as multidões. Quando acabou de falar, disse a Simão: "Avança mais para o fundo, e ali lançai vossas redes para a pesca". Simão respondeu: "Mestre, trabalhamos a noite inteira e não pegamos nada...". (Lc 5,1-5a)

Os três pescadores fixaram os olhos outra vez na corda que roçava na borda da canoa, e aquele ruído gerava uma ansiedade que diminuía com a proximidade da ponta das redes. O peso extra já era motivo de muita expectativa por parte de João, Felipe e Domingos. Existia, de fato, o desejo de obedecer ao pedido da equipe de recepção da comitiva. Mas existia também um desejo de ser útil aos outros – até mesmo a quem não era de seu convívio. Talvez por serem pessoas de fé, e atendendo a voz que ressoava no interior deles, os três não desistiram. E o milagre da pesca, segundo o evangelho escrito por Lucas, voltou à tona e com um tesouro a mais.

Imaginem os olhos arregalados de João Alves, Felipe Pedroso e Domingos Garcia, ao perceberem que o peso extra nas redes era de uma pequena imagem escura, certamente pelo lodo entranhado por causa do tempo de permanência no fundo do rio. E o pior para aqueles três não era o fato de não ter peixe na rede, e sim o corpo de uma imagem não ter cabeça. Então me pergunto: o que fez aqueles homens guardarem na canoa a imagem de Nossa Senhora da Conceição, sem cabeça? E o que moveu João, Felipe e Domingos a lançarem as redes outra vez, uns três quilômetros à frente, naquele final de madrugada escura de primavera, onde devia soprar um ventinho frio?

> "...mas, pela tua palavra, lançarei as redes". Agindo assim, pegaram tamanha quantidade de peixes que as redes se rompiam. Fizeram sinal aos companheiros do outro barco, para que viessem ajudá-los. Eles vieram e encheram os dois barcos a ponto de quase afundarem. (Lc 5,5b-7)

Certamente, havia no coração daqueles três católicos a resiliência, a coragem e a determinação de quem segue a Jesus

Cristo. Não consigo encontrar outra explicação plausível. Mas também já devia haver uma grande movimentação no céu para que o nascimento de uma devoção acontecesse sem demora. João Alves lançou a rede mais uma vez e, novamente, os amigos pescadores ficavam a pensar em tudo que estava acontecendo. Creio eu que eles também se perguntavam por que haviam sido escolhidos para aquela missão, já que a Vila de Santo Antônio de Guaratinguetá tinha outros pescadores.

Depois de alguns minutos com a rede esparramada no fundo do rio, começa outra vez o processo repetitivo de puxar a corda que segura a rede no fundo, enquanto ela vai se fechando e varrendo tudo que encontra no solo encharcado. Dessa vez, ninguém sentiu peso extra, nem nada que estimulasse mais uma vez a esperança de encontrar as iguarias que alegrariam a equipe de festa e, principalmente, o Governador que já estava para chegar.

Quando a rede descansou no fundo da canoa, o barulho certamente não foi o mesmo de costume, quando os chumbos amarrados nas pontas tocam a madeira do barco. Você pode imaginar que os três pescadores trocaram novos olhares de desconfiança. Que barulho teria sido aquele? A resposta só seria encontrada numa varredura por toda a rede. E foi por essa atitude minuciosa que eles, mais uma vez, arregalaram os olhos de espanto e admiração.

Volto a fazer uma reflexão com você: o que leva três pescadores, cansados de uma noite inteira de pesca improdutiva, a conseguir pescar uma pequenina cabeça, que teria tudo pra vazar pela malha da rede, feita para peixes graúdos? O que fez um dos três pescadores perceber que aquela cabeça tinha um corpo e esse corpo, que não foi jogado de volta ao rio, estava ali perto dos "bornais" com pão e água? O encaixe perfeito eliminou qualquer dúvida – a cabeça era de Nossa Senhora da Conceição, assim como o corpo.

> Ele e todos os que estavam com ele ficaram espantados com a quantidade de peixes que tinham pescado. O mesmo ocorreu a Tiago e João, filhos de Zebedeu e sócios de Simão. Jesus disse a Simão: "Não tenhas medo! De agora em diante serás pescador de homens!". Eles levaram os barcos para a margem, deixaram tudo e seguiram Jesus. (Lc 5,9-11)

Depois desse acontecimento, havia um temor – e certamente um tremor – maior entre os três pescadores. Você consegue entender que o fato de encontrar uma imagem quebrada, em dois exaustivos arremessos, era motivo pra continuar a lançar as redes? Repare que, antes, eles não tinham conseguido pescar nada, e já tinham motivo para voltar para casa. Pelo menos, teriam uma história para contar. Até imagino um deles falando para a equipe da festa: "Gente, está tão ruim de peixe, que a gente só pega lixo. Veja só isto: uma imagem quebrada que jogaram não sei onde, veio parar aqui!". Pronto, a explicação estaria dada, e ninguém crucificaria os três por chegarem sem peixe. Certo?

Mas quem disse que foi isso que eles fizeram? Talvez por serem seguidores da palavra sagrada, por serem filhos escolhidos de Nossa Senhora, existia uma força sobrenatural no limite físico dos três. Mesmo sem motivos humanos para lançar a rede mais uma vez, eles o fizeram. E a resposta não poderia ser verbalizada de outra forma. "Milagre! Milagre! Milagre!".

> Agindo assim, pegaram tamanha quantidade de peixes que as redes se rompiam. (Lc 5,6)

O dever estava cumprido, e o Governador das Províncias de São Paulo e Minas Gerais poderia saborear, com sua comitiva, um grande banquete de belos peixes frescos e milagrosos. E antes de João Alves, Felipe Pedroso e Domingos Garcia levarem os peixes para o banquete, havia uma preocupação maior que apertava seu coração: o que fazer com aqueles pedaços da imagem de Nossa Senhora da Conceição, aparecida nas águas do Rio Paraíba do Sul?

Foi então que eles resolveram entregar os pedaços da estátua a Silvana da Rocha Alves, esposa de Domingos, irmã de Felipe e mãe de João. Silvana foi a primeira restaurar a imagem, que anos mais tarde sofreria novos danos. Ela usou cera derretida para colar cabeça e corpo, e as duas partes se transformaram numa das imagens mais veneradas do mundo. O primeiro altar feito para Nossa Senhora da Conceição, na Vila de Santo Antônio de Guaratinguetá, era pequeno e ficava na casa da família. Era a forma que os pescadores encontravam para agradecer a Nossa Senhora o milagre dos peixes.

Todo o sacrifício dos três pescadores, durante toda aquela madrugada que antecedia a visita do Conde se Assumar, certamente foi assunto nas rodas de conversa durante o banquete servido à comitiva do Governo. Mas não ficou só ali; em pouco tempo, todo mundo queria ver de perto a imagem pescada naquela primavera inesquecível para todos da Vila.

Lembra que começamos falando do sino de mergulho e do seu protagonista, o astrônomo e matemático britânico, Edmond Halley? Certamente, naquele ano de 1717, o sino de mergulho – para os que baseiam sua vida só na razão – foi um dos acontecimentos mais importantes do mundo, no que diz respeito à exploração marítima.

E para os que usam a fé e a razão, o que pensar de pai, cunhado e filho, três homens munidos de uma canoa esculpida de um tronco de árvore – um pequeno pedaço de pau – para empurrá-los contra a correnteza de um rio, redes e o exercício pleno da certeza de que nem sempre é preciso muitas facilidades para cumprir o que se precisa? Muitas vezes, é necessário apenas vontade, esforço próprio e acreditar, o que também podemos chamar de *fé!*

Afinal, a fé, para nós, católicos, sempre será definida como o próprio Aurelius Augustinus (Aurélio Agostinho), mais conhecido como Santo Agostinho, nos descreveu em sua vida após o encontro pessoal com Nosso Senhor e sua Santa Igreja. O bispo, escritor, teólogo, filósofo e Doutor da Igreja dizia: "Ter fé é acreditar naquilo que você não vê. A recompensa por essa fé é ver aquilo em que você acredita!".

Ave-Maria

Ave Maria, cheia de graça, o Senhor é convosco. Bendita sois vós entre as mulheres e bendito é o fruto do vosso ventre, Jesus. Santa Maria, mãe de Deus, rogai por nós, pecadores, agora e na hora de nossa morte. Amém!

3. O milagre das velas

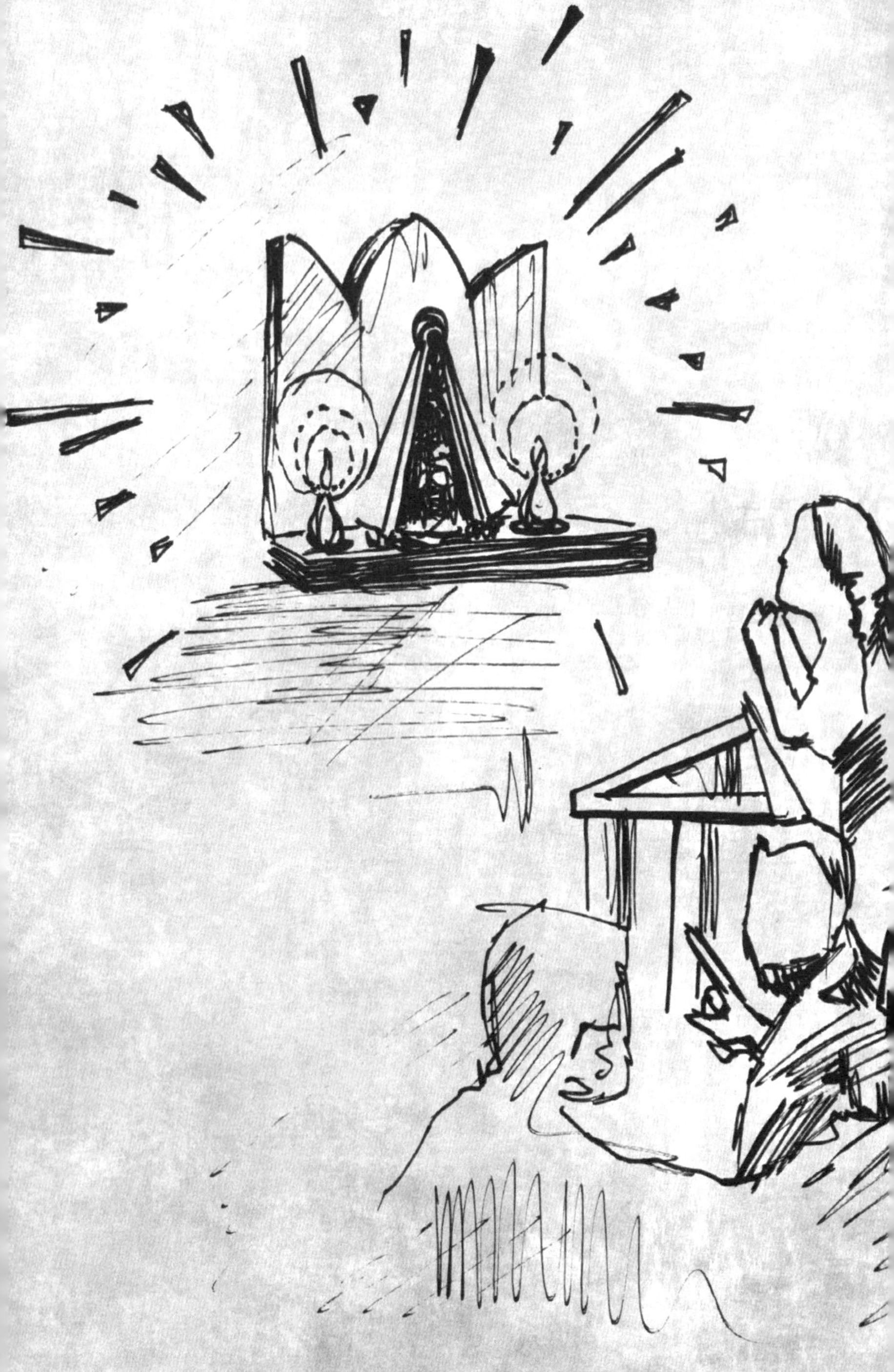

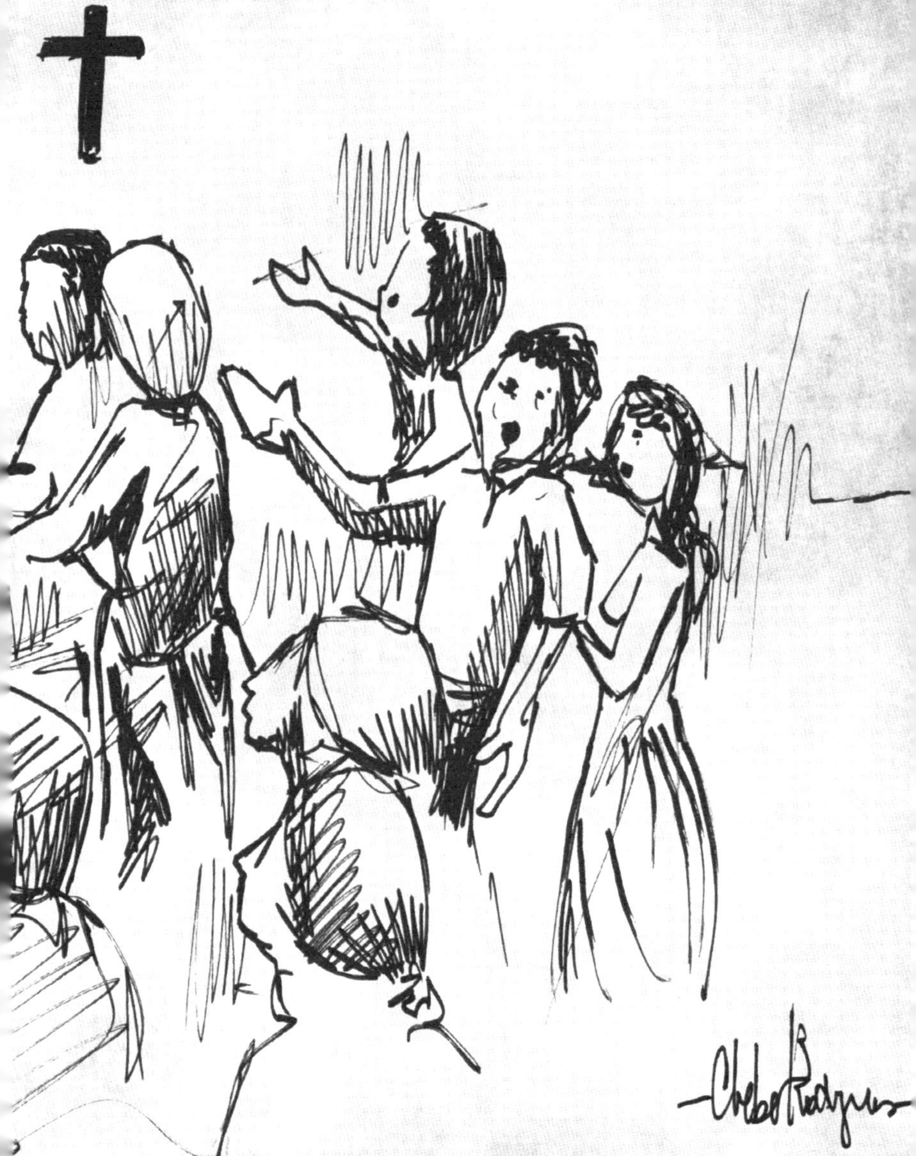

A APARIÇÃO DA IMAGEM de Nossa Senhora da Conceição nas águas do Rio Paraíba do Sul foi como uma grande lâmpada incandescente que se acende no fim da tarde e que, ao cair da noite, é capaz de iluminar a fé de uma nação inteira e prolongá-la por madrugadas incontáveis. Estamos na primeira metade do século XVIII, em que o Brasil ainda era uma terra de noites escuras, onde o pavio forjado em cera derretida tinha muita importância, onde a luz das velas iluminava a mesa para o jantar, a sala do altar e as contas preciosas da oração do Santo Terço na presença da imagem milagrosa.

Ninguém ali imaginava que surgiria um empresário dos Estados Unidos, de nome Thomas Edison, que inventaria a primeira lâmpada incandescente do mundo, em 1879, ou seja, 162 anos depois da pesca milagrosa. Sua invenção chegou para revolucionar o mundo, pois se tratava de um material prático, barato e capaz de competir com a iluminação a gás.

Testada e aprovada pelos americanos, a lâmpada incandescente teve sua primeira aceitação no Brasil, na cidade de Campos dos Goytacazes, no Norte do Estado do Rio de Janeiro. A Câmara Municipal aprovou a substituição de toda a iluminação pública a gás pela iluminação a energia elétrica em 1881. Dois anos depois, em 1883, a mesma cidade também inaugurou o primeiro serviço público de iluminação elétrica da América do Sul, ato tão ilustre e histórico que contou com a presença do imperador Dom Pedro II.

Mas o inventor da energia elétrica ainda nem tinha nascido, quando os primeiros efeitos da devoção a Nossa Senhora da Conceição Aparecida começavam a ganhar forças como correntes elétricas. Efeitos que causaram mudanças na vida de toda a Vila de Santo Antônio de Guaratinguetá, e que nunca mais foram esquecidos ou guardados como um segredo a sete chaves. Afinal, tanto amor materno precisava ser partilhado com as nações.

Nesse início da história da devoção a Nossa Senhora da Conceição Aparecida, não existia lâmpada para espalhar a luz dessa intercessão tão grandiosa e marcante para nós brasileiros. Em vez de vidro e fios condutores de arame, essa primavera da fé católica contava com cera derretida com fios de fibra em forma de pavio, que davam origem a duas velas capazes de iluminar os corações de uma vila inteira.

Silvana da Rocha Alves, esposa do pescador Domingos, mãe de João e irmã de Felipe, além de conseguir colar, com cera derretida, a cabeça da imagem encontrada nas águas do rio Paraíba do Sul, também se tornaria uma das responsáveis por espalhar a devoção a Nossa Senhora naquela região da Província de São Paulo. Foi Silvana quem colocou a imagem num pequeno altar e começou a convidar os moradores da vila para, todo sábado, rezar o terço e a ladainha em sua casa.

Nos quinze anos seguintes, ou seja, de 1717 a 1732, a imagem de Nossa Senhora da Conceição peregrinava nas casas dos pescadores, pelas regiões de Ribeirão do Sá, Ponte Alta e Itaguaçu. Por volta de 1726, quando Domingos e João Alves já haviam falecido, o irmão de Silvana da Rocha, Felipe Pedroso, o último dos três pescadores ainda vivo, decidiu fixar residência no porto de Itaguaçu. Talvez a atitude de Felipe Pedroso tenha sido proposital, já que ele estaria de volta ao local original da pesca milagrosa, e com ele a imagem de Nossa Senhora da Conceição Aparecida, já venerada e admirada nas orações do Santo Terço, em família, com amigos e vizinhos.

Antes de vir a falecer, em 1739, Felipe Pedroso teve uma conversa importante com o filho, Atanásio Pedroso. Não é difícil imaginar a preocupação de Felipe, em preservar a imagem da Virgem Aparecida e a história de devoção que brotara naquele lugar. Imagine aqueles olhos de pescador, molhados como o casco da canoa que o levara a tantos pontos do Rio Paraíba do Sul, ao lembrar de tudo que havia vivido naquela madrugada, com o sobrinho e o cunhado. Era preciso gravar no coração de Atanásio o valor grandioso daquela imagem e de toda a história de salvação que ela trouxe para vida de cada morador daquela região.

Felipe Pedroso entregou a imagem de Nossa Senhora Aparecida a seu filho Atanásio Pedroso, que assumiu a grandiosa missão de cuidar da "Santinha" e de continuar a invocar sua poderosa intercessão por todos que viessem estar com ela nos momentos de oração.

Atanásio também se tornou parte importante no processo de devoção e, atendendo ao pedido do pai, decidiu construir um pequeno oratório. Quanta dedicação do filho do pescador para achar a madeira certa, que servisse como local de oração e de destaque para a imagem de Nossa Senhora. A inspiração para acertar os cálculos e encaixes das tábuas provavelmente veio do esposo de Nossa Senhora. São José, que tanto fez para preservar a dignidade e pureza da Mãe do menino Jesus, certamente foi lembrado em cada lasca de madeira retirada de forma artesanal por Atanásio Pedroso, num esforço admirável para fazer daquela humilde obra algo sagrado e divino.

Depois de terminar o oratório, Atanásio decidiu seguir os passos da tia Silvana, e convidou a vizinhança para rezar o Santo Terço diante da imagem da Mãe Aparecida, no pequeno oratório.

Desde o primeiro sábado em que o oratório ficou pronto, Atanásio Pedroso cumpria o mesmo ritual de convidar toda a vizinhança para rezar o terço. Dá até para imaginar aquele fim de tarde próximo a uma das margens do Rio Paraíba do Sul, onde o sol alaranjado se ajeitava no horizonte para o mergulho sereno, trazendo as sombras da noite, a serem dissipadas com velas. E Atanásio fazia sua parte como um pastor de ovelhas, abrindo a porta de seu redil para que elas pudessem entrar e se alimentar de fé e devoção.

> Moisés era pastor das ovelhas de Jetro, seu sogro, sacerdote de Madiã. Certo dia, levou as ovelhas deserto adentro e chegou ao monte de Deus, o Horeb. Apareceu-lhe o anjo do Senhor numa chama de fogo, do meio de uma sarça. Moisés notou que a sarça estava em chamas, mas não se consumia. Pensou: "Vou aproximar-me para admirar esta visão maravilhosa: como é que a sarça não para de queimar?". Vendo o Senhor que Moisés se aproximava para observar, Deus o chamou do meio da sarça: "Moisés! Moisés!". Ele respondeu: "Aqui estou!". (Ex 3,1-4)

Deus usou a sarça ardente para chamar a atenção de Moisés – uma chama que surgia no meio da sarça, mas não a consumia. Nossa Senhora da Conceição Aparecida usou duas velas para despertar num povo a certeza de sua proximidade e maternidade, com mais um milagre. E foi numa noite sem lua de primavera, que a luz que abriria as veredas desse novo encontro com a Virgem Maria aconteceria, com apenas duas simples velas acessas no pequeno oratório.

Foi ali, naquele pedaço de madeira, transformado em plataforma de fé, que Nossa Senhora da Conceição Aparecida escolheu para declarar mais uma vez seu amor por nós. Estavam Atanásio, a tia dele, Silvana, e outros familiares e amigos reunidos para a oração do Santo Terço. Para iluminar a imagem, Silvana acendeu as velas.

Enquanto o grupo rezava uma das dezenas do terço, as duas velas se apagaram sem nenhuma explicação. Não havia nem sequer uma brisa que motivasse a extinção daquelas duas pequenas chamas. Sem vento e sem nada que explicasse o apagão, Silvana tomou a iniciativa de ir até o pequeno altar para reacender as velas.

Mas, antes mesmo que ela chegasse perto do oratório, as velas voltaram a se acender, para o espanto geral dos que estavam ali rezando o terço. Foi quando alguém não conteve a emoção e gritou, em alta e assustada voz: "Milagre! Milagre! Milagre!". E não eram só as palavras proferidas pelos três pescadores, ao puxarem a rede repleta de peixes, que se repetiam. Havia naquele sinal a repetição de uma provocação materna, daquelas que toda mãe utiliza para estimular sua cria a despertar para o novo da vida e crescer.

Não dá para ter dúvidas de que aquela foi a noite mais iluminada de todas já vividas, até então, naquela pequena vila de pescadores. Nem as mais potentes lâmpadas de Thomas Edison seriam capazes de clarear tanto a mente e os corações daqueles humildes moradores do porto de Itaguaçu, como aquelas duas pequenas velas foram capazes.

Pense comigo! Aquele povo simples de Itaguaçu já apresentava as primeiras súplicas a Nossa Senhora. Ninguém daquele grupo de oração do Santo Terço tinha mais dúvidas de que a pesca milagrosa acontecera realmente. E eles se reuniam ali porque certamente acreditavam que Nossa Senhora poderia fazer milagres também na vida de cada um daqueles que rezavam diante de sua imagem. Ali, certamente quase todos entendiam, nem que seja um pouquinho, de pesca e de peixe. Mas estavam ali para aprender mais sobre a Mãe de Milagres – a mesma que agiu numa época de escassez de peixes, fazendo com que Domingos, Felipe e João lançassem as redes e vivessem tudo o que viveram.

Fazer com que as velas se apagassem e voltassem a acender, sem que ninguém chegasse perto, havia sido um jeito prático, simples e rápido que Nossa Senhora possivelmente encontrou para manifestar seu amor e seus prodígios àquele povo que já alimentava a devoção por ela, que se tornaria a maior desse país, ainda tão necessitado de milagres.

Como um jornalista que completa 25 anos de estrada em agosto de 2017, até imagino que as notícias daquele "pequeno grande acontecimento" no oratório já estavam circulando com rapidez por toda a comunidade. E nem devem ter demorado a chegar aos ouvidos do pároco da época, Padre José Alves Vilela, da Igreja Matriz em Guaratinguetá. Aprendi também, com meu ofício, que toda boa notícia precisa ser dada com extrema rapidez, para que todos possam saborear os fatos.

O Padre José Alves usou de "faro jornalístico" para averiguar o ocorrido e, depois de confirmá-lo, decidiu colher e colecionar os depoimentos das pessoas. Ele reuniu toda a história da pesca milagrosa, dos fatos extraordinários e das diversas curas milagrosas num documento que, mais tarde, certamente serviria de auxílio para o reconhecimento oficial do milagre das velas.

Em setembro de 2016, estive na Capelinha de São Geraldo, em Aparecida, participando de uma reportagem sobre o milagre das velas. Queria conhecer o local exato onde o pequeno oratório ficou, e onde o milagroso carinho de Nossa Senhora aconteceu. Como fazia uma reportagem telejornalística, decidi gravar um texto narrando o momento em que as velas se apagaram. A gravação era num movimento transversal, saindo de perto da imagem de Nossa Senhora da Conceição Aparecida, em direção ao altar da Capelinha.

O altar tinha apenas uma toalha e, para ilustrar melhor os fatos, senti a inspiração de colocar duas velas no altar. E me veio a pergunta: "Onde conseguir duas velas agora?". Decidi, então, parar a gravação com o cinegrafista Messias Junqueira, e caminhar até a porta da Capelinha. Olhei lá fora, nas proximidades, para ver se encontrava algum comércio, onde pudesse comprar as velas e compor a cena.

Foi nessa hora que senti um grande carinho da Mãe Aparecida por mim e pelo trabalho que estava realizando, ao tentar revelar, com detalhes, o que tinha ocorrido naquele lugar histórico e tão importante para os católicos do Brasil. Olhei para a imagem de Nossa Senhora Aparecida, no alto da parede lateral da Capelinha, e logo meu olhar foi atraído para o chão. Tracei uma linha vertical imaginária da imagem de Nossa Senhora ao piso e, para grande surpresa minha e de Messias Junqueira, ali, juntas uma da outra, estavam duas velas, que certamente alguém tinha deixado aos pés da imagem da Mãezinha Aparecida.

Confesso que fiquei emocionado e muito tocado por ter conseguido perceber algo que tinha tudo para ser imperceptível para mim, em meio aos meus agitados pensamentos. Estava com tempo escasso e precisava terminar a gravação naquela Capelinha e seguir para outros locais, afim de concluir a reportagem. E não tenho dúvidas de que foi Nossa Senhora da Conceição Aparecida que me acalmou e fez enxergar aquelas duas benditas velas no chão.

É claro que não perdi tempo. Peguei as duas valiosas peças e as coloquei em cima do altar. Voltei ao local da imagem de Nossa Senhora e comecei a gravar andando em direção ao altar, dizendo o que tinha acontecido ali em 1732. Mas tudo parecia tão atualizado e atual no meu interior, que fui capaz de me sentir lá naquela noite de séculos antes, experimentando com aquelas pessoas que rezavam o Santo Terço o mesmo carinho de Nossa Senhora, que senti agora em 2016, ao me deparar com aquelas duas velas no chão.

> Todas as coisas foram feitas por Ele, e sem Ele nada do que foi feito se fez. Nele estava a vida, e a vida era a luz dos homens. E a luz resplandece nas trevas, e as trevas não a compreenderam. (Jo 1,3-5)

Salve, Rainha

Salve, Rainha, Mãe de misericórdia, vida, doçura e esperança nossa, salve!

A vós bradamos, os degredados filhos de Eva.

A vós suspiramos, gemendo e chorando neste vale de lágrimas.

Eia, pois, advogada nossa, esses vossos olhos misericordiosos a nós volvei, e depois deste desterro mostrai-nos Jesus, bendito fruto de vosso ventre.

Ó clemente, ó piedosa, ó doce sempre Virgem Maria.

Rogai por nós, Santa Mãe de Deus, para que sejamos dignos das promessas de Cristo. Amém.

4. O milagre da menina cega

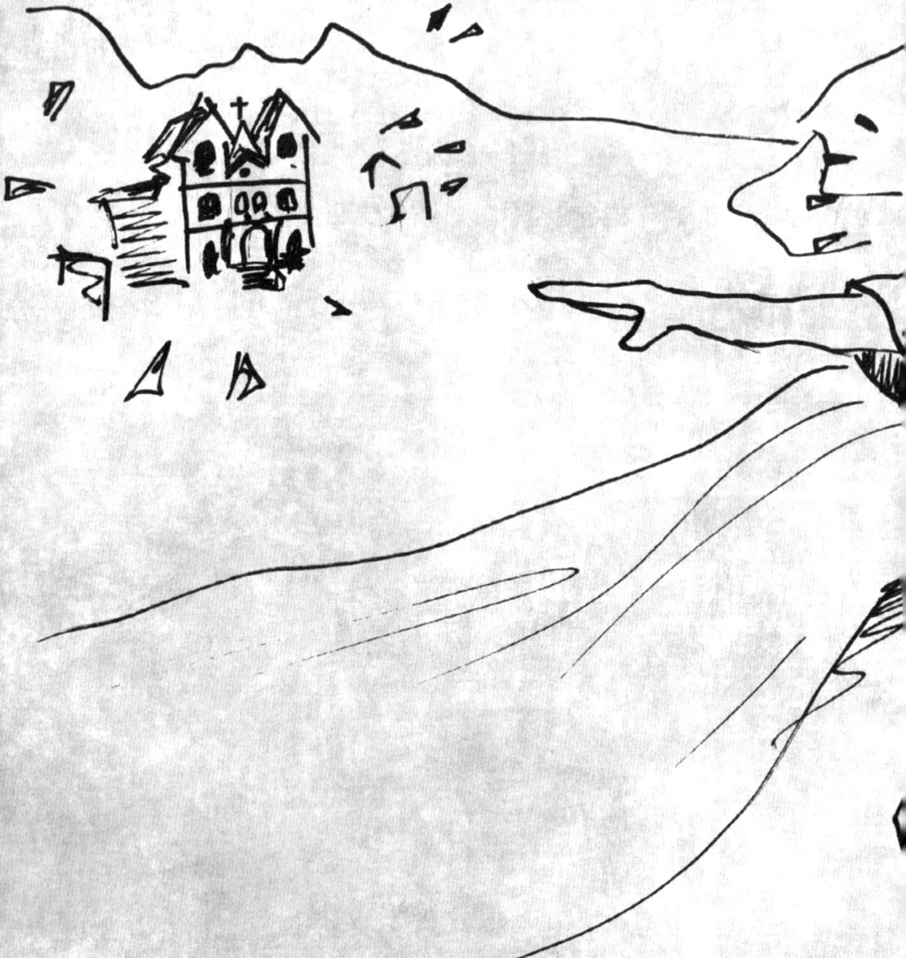

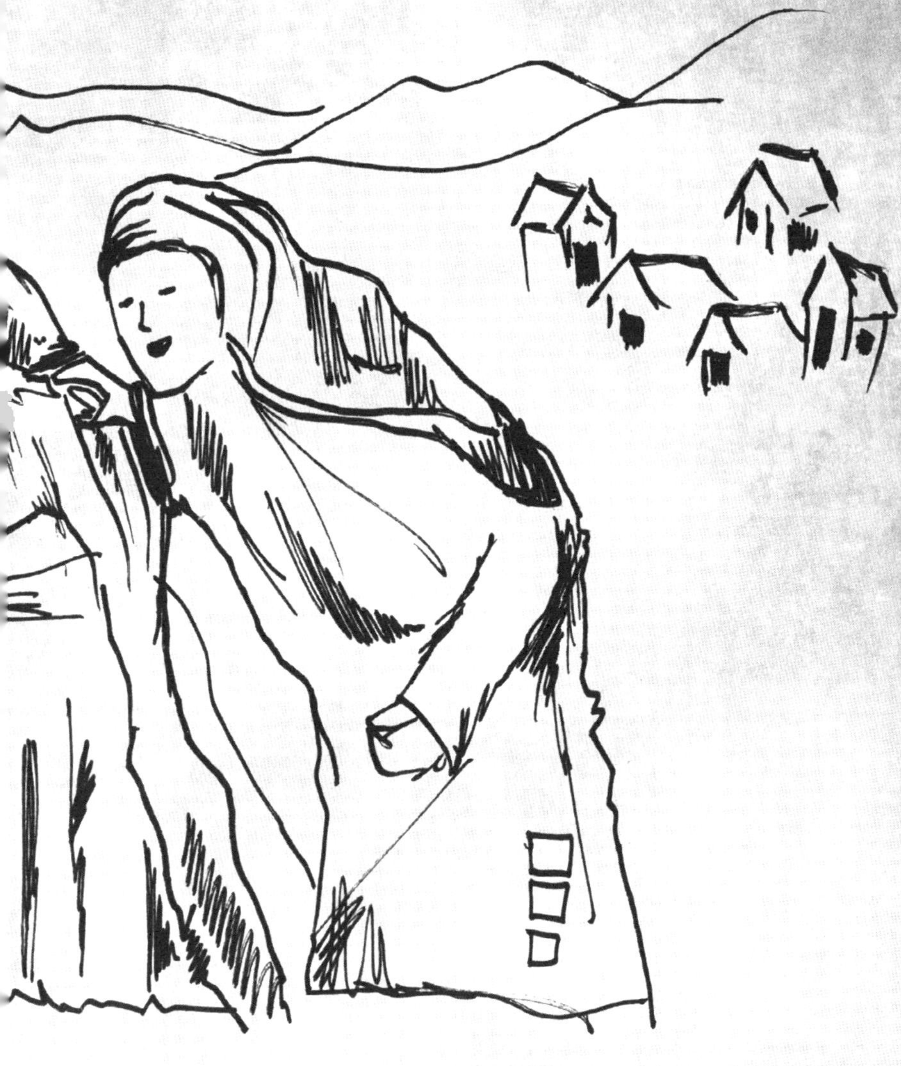

É PRECISO VOLTAR NO TEMPO para entender o crescimento da devoção à Virgem Aparecida. É preciso buscar o momento em que tudo começou a se expandir, durante a primeira metade do século XVIII, quando os relatos de milagres e graças se espalhavam pela região do Vale do Paraíba do Sul. Por causa do crescimento impressionante da repercussão dos fatos, e do desejo cada vez maior das pessoas de virem conhecer a imagem de Nossa Senhora "aparecida" das águas, o vigário de Guaratinguetá, Pe. José Alves Vilela, reuniu alguns devotos para um passo importante na história da devoção à Virgem Aparecida. Eles construíram, no ano de 1740, uma pequena capela para a reza do Santo Terço e do cântico das ladainhas.

Nos três anos seguintes, o vigário acompanhou de perto todos os acontecimentos e presenciou muitas graças naquela pequena capela, onde não se celebrava a Santa Missa. Então, Pe. José Alves Vilela decidiu fazer um relatório dos milagres e da devoção do povo com Nossa Senhora Aparecida e enviar ao Bispo do Rio Janeiro, Dom Frei João da Cruz. O documento enviado pedia que Dom João da Cruz aprovasse o culto e autorizasse a construção da primeira igreja em louvor à imagem que ficou conhecida como Mãe Aparecida.

Depois de avaliar todos os relatos e acontecimentos com os cuidados que são necessários à Igreja, a construção da capela obteve total aprovação. No dia 5 de maio de 1743, a igreja foi construída no Morro dos Coqueiros, atual colina onde está localizado o centro da cidade de Aparecida. O local foi doado pela viúva Margarida Nunes Rangel, e a inauguração aconteceu durante a festa de Sant'Ana e São Joaquim, no dia 26 de julho de 1745. A imagem foi levada em solene procissão à nova igreja, e colocada no nicho do altar. Depois da entronização, abençoou-se a imagem e foi celebrada a primeira missa.

Agora, precisamos remar nossa canoa nesse rio do tempo e subir a corredeira até 1874, ano em que nascia na cidade de Bolonha, na Itália, Guglielmo Marconi, considerado o pioneiro da telegrafia sem fios e inventor oficial do rádio. O garoto de uma família rica, de pai italiano e mãe irlandesa, estudou nas melhores escolas e, ainda menino, já demonstrava interesse pela ciência, nos ramos da física e da eletricidade. Começou seus experimentos em laboratório com seu pai, ainda rapazinho, e conseguiu enviar sinais pelo telégrafo sem fio, a uma distância de cerca de quatro quilômetros.

Com a coragem peculiar de todo inventor, Marconi demonstrou seu sistema na Inglaterra, e logo fundou sua própria empresa, a Marconi's Wireless Telegraph Company Limited. Dois anos antes da chegada do século XX, o ícone da telegrafia e da comunicação radiofônica conseguiu estabelecer as comunicações sem fio entre França e Inglaterra. Com apenas 23 anos de idade, Marconi patenteou seu sistema de telegrafia sem fios e, num dia histórico, em 1901, provou que as ondas sem fio não eram afetadas pela curvatura da Terra, como se acreditava: transmitiu sinais através do oceano Atlântico, entre a Grã-Bretanha e o Canadá. Esse invento fabuloso lhe assegurou o monopólio das radiocomunicações e o Prêmio Nobel de Física em 1909.

Nas idas e vindas à Inglaterra, Marconi costumava levar sua mãe. E, numa das viagens, o inventor carregava na bagagem um transmissor. Os funcionários da alfândega apreenderam o aparelho. Quando o devolveram, os inspetores disseram que haviam pensado se tratar de uma bomba. Ao ouvir a explicação, a mãe de Marconi respondeu: "E é mesmo. Não do tipo que explode o mundo, mas ela vai derrubar todas as paredes".

Mas, de volta a 1874, ano de nascimento do inventor do rádio e da telegrafia sem fios, encontramos outra marcante história de mãe e filha, que viviam na cidade de Jaboticabal, interior de São Paulo. Era um tempo em que a comunicação "boca a boca" era mais rápida e muito importante para esse capítulo miraculoso em que estamos entrando. Uma época em que o primeiro jornal impresso do Brasil tinha apenas 66 anos de publicação. Sua primeira edição foi distribuída por volta de 1808 no Rio de Janeiro, com a chegada da corte real portuguesa, que tinha grande influência nas notícias publicadas.

A devoção a Nossa Senhora Aparecida atravessou o território nacional no século XIX sem a ajuda radiofônica de Marconi, que acabara de nascer, e sem a ajuda da TV nem da Internet, às quais estamos tão conectados hoje em dia.

Estamos em Jaboticabal, fundada em 1778 por João Pinto Ferreira, sob a influência do Conselho Celorico de Bastos, em Portugal, mas que só começou a ser edificada em 1816. Em 1867, Jaboticabal é elevada à categoria de vila, desmembrando-se de Araraquara. A expansão da cafeicultura para o oeste do Estado de São Paulo, na segunda metade do século XIX, além da implantação das ferrovias, foram os marcos do desenvolvimento da região. Em 1874, a população local era de 5.269 habitantes, e entre eles havia uma mulher de nome Gertrudes Vaz e sua filha, que havia nascido cega.

Gertrudes Vaz tinha um irmão católico, que participava constantemente de peregrinações ao local onde muitos brasileiros já presenciavam milagres operados sob a intercessão de Nossa Senhora da Conceição Aparecida. Malaquias não escondia as mudanças que aquele lugar causava em sua vida. Dá até para imaginar a paz inquieta que o irmão de Gertrudes expressava toda vez que voltava daquela peregrinação, em que podia ver de perto a imagem pescada nas águas do Rio Paraíba do Sul.

De tanto ouvir o tio narrar os acontecimentos presenciados por ele – e, provavelmente, experimentados também – a menina, que sequer tinha visto a luz do mundo, certamente já sentia crescer dentro de si um amor incondicional por Nossa Senhora. E, cada vez que sentia a alegria de Malaquias ao voltar da terra da Mãe de Milagres, provavelmente sentia aumentar a certeza de que, no mundo, não existem somente sons e escuridão.

Gertrudes e a menina eram muito pobres e, mesmo sem enxergar a pobreza, a garotinha já sabia o que era viver da providência diária, tamanha era a carestia que batia à sua porta todos os dias.

> Não vos preocupeis com coisa alguma, mas, em toda ocasião, apresentai a Deus os vossos pedidos, em orações e súplicas, acompanhadas de ação de graças. E a paz de Deus, que supera todo entendimento, guardará os vossos corações e os vossos pensamentos no Cristo Jesus. (Fl 4,6-7)

A menina sentia a dificuldade enfrentada por ela e sua mãe, mas em seu coraçãozinho já treinado pela fé, havia coragem e desejo de experimentar os milagres que o tio Malaquias descrevia. Até que ela decidiu fazer o pedido a dona Gertrudes, para irem também em peregrinação à cidade da Mãe de Milagres.

Imagine uma mãe sem recursos financeiros, ouvir de uma filha cega de nascença, um pedido tão difícil de se realizar. Elas estavam a pelo menos 468 quilômetros de distância de Aparecida; não tinham dinheiro para custear a condução e, se fossem fazer a viagem toda a pé, gastariam pelo menos cem horas de caminhada, sem interrupções. Aos olhos que leem obstáculos assim, a façanha era humanamente impossível. Mas, aos olhos da menininha, a visão era outra. Repleta de fé e devoção, ela estava cheia de desejo pelo milagre, e de confiança na divina providência.

> O meu Deus suprirá todas as necessidades de vocês, de acordo com as suas gloriosas riquezas em Cristo Jesus. (Fl 4,19)

Não foi preciso muita insistência para convencer Dona Gertrudes a aceitar o desafio de fé. A mãe da menina cega confiou na Virgem Aparecida e decidiu partir de mãos dadas com a garotinha. Sem dinheiro e com muita coragem, elas se puseram a caminho.

Trocaram o refúgio e segurança da casinha simples de Jaboticabal, pelo desabrigo e insegurança da estrada. Algumas horas de caminhada, e todo corpo pede água e comida. E se o sol for escaldante, a pele arde e o suor escorre nos olhos, fazendo queimar a vista. Fico pensando sobre como foi o primeiro pedido de esmola para se manterem no propósito de chegar à casa da Mãe de Milagres...

Gertrudes não era como a mãe de Marconi, que detinha muitas posses e tinha sido capaz de dar os melhores estudos ao filho. Mas o jovem inventor e a menina cega conseguiram ouvir e ver coisas que só os escolhidos por Nosso Senhor são capazes de captar. Até hoje, muitos se perguntam como é possível alguém falar ao microfone num estúdio de rádio, e essa voz ser ouvida em outra cidade – e até em outro país! Muitos ainda se perguntam como é possível alguém sair das trevas e descobrir o colorido das flores, o sorriso nos lábios, a lágrima nos olhos e o brilho da luz que ilumina as manhãs do mundo.

Os relatos dessa história dão conta de que as duas, mãe e filha, caminharam semanas a fio, sob sol e chuva, calor e frio, na estrada que ligava Jaboticabal a Aparecida. O caminho que levava as trevas dos olhos à luz do amor materno é impossível de se descrever por homens de pouca fé. As cem horas ininterruptas de caminhada, que dariam pouco mais de quatro dias de viagem, se transformaram em mais de 2.160 horas de pé na estrada, e ao menos três meses de luta, dor e lágrimas, que mãe e filha partilharam.

Você consegue imaginar o que representou para as duas essa peregrinação? Tantas mães e filhas hoje em desarmonia, capazes de humilhar uma à outra, de dizer palavras duras e até mesmo de não se falarem ou abandonarem o amor e desistirem de viver juntas a amizade, filiação e maternidade...

Fico pensando como seria importante para pais e filhos um caminho de fé como esse experimentado por dona Gertrudes e sua menina, de Jaboticabal a Aparecida. O trajeto nem precisava ser tão intenso, dolorido e humilhante assim. Creio que uns trinta quilômetros de total dependência uns dos outros numa estrada deserta de solidariedade, carente de esperança e seca de amor, seriam capazes de transformar relacionamentos. Quantos desentendimentos seriam desfeitos, quantas lágrimas seriam enxugadas e quantos olhos se abririam para a verdade e para a verdadeira vida!

> Filhos, obedecei aos vossos pais, no Senhor, pois é isso que é justo. "Honra pai e mãe" – tal é o primeiro mandamento, com uma promessa "para que sejas feliz e gozes de longa vida sobre a terra". (Ef 6,1-3)

No parágrafo 2197 do Catecismo da Igreja Católica, aprendemos:

> Deus quis que, depois de Si, honrássemos os nossos pais, a quem devemos a vida e que nos transmitiram o conhecimento de Deus. Temos obrigação de honrar e respeitar todos aqueles que Deus, para nosso bem, revestiu da sua autoridade.

E foi no respeito mútuo de mãe e filha, cada uma identificando o limite da outra, que elas se aproximavam do fim do trajeto. A estrada estava terminando, e todo o sofrimento para realizar o desejo de chegar à casa da Mãezinha Aparecida, também. Depois de várias semanas de viagem, elas estavam a apenas alguns quilômetros da Basílica Velha.

Foi quando aconteceu o maior milagre, dentre todos os que experimentaram na viagem! A menina expressa com serenidade e simplicidade, que lhe são características: "Olha, mãe! Aquela não é a igreja de Nossa Senhora Aparecida?".

Dá para imaginar a emoção daquela mãe? Dá para mergulhar no interior de quem viu a filha nascer sem visão, pedir para vir a Aparecida e, antes mesmo de chegar à Basílica, tocar no milagre da cura? O coração de mãe não se engana e, mesmo recebendo uma proposta absurda de deixar Jaboticabal e caminhar tantos dias, não mudou o compasso, porque acreditava na intercessão de Nossa Senhora da Conceição Aparecida.

A emoção tomou conta da mãe e devota. E, certamente com os olhos encharcados de lágrimas, Dona Gertrudes faz a pergunta, com a certeza da resposta da pequena: "Minha filha, você está enxergando?".

Depois de ter a Basílica de Nossa Senhora como a primeira imagem do mundo, a menina exclama, certamente admirada com a natureza que cercava a construção: "Perfeitamente, mamãe! *De repente veio uma luz que clareou a minha vista*". Ali, atenta à alegria e vibração da filha, Dona Gertrudes percebeu que todo o sacrifício que viveram nos últimos meses tinha valido muito a pena.

É impossível para mim e para você não entrarmos juntos com mãe e filha – agora curada – na Basílica Velha e, de coração agradecido, nos ajoelharmos com elas aos pés da Mãe de Milagres e rezar por esse fato tão marcante na vida de tantas pessoas. Milagre documentado pela Igreja, e que comprova a grandiosidade da intercessão de Nossa Senhora da Conceição Aparecida.

Retornando para Jaboticabal, mãe e filha se tornaram grande inspiração e fizeram crescer a devoção mariana naquele lugar. Tanto que foi construída uma capela, que depois se tornou a Igreja de

Nossa Senhora em Jaboticabal, a segunda erguida no Brasil em devoção a Nossa Senhora da Conceição Aparecida.

Existem acontecimentos em nossas vidas que o tempo faz questão de apagar de nossas lembranças. Fatos marcantes que foram ruins ou bons para nós. Histórias que gravaram a trilha que seguimos. Um percurso tão cheio de acontecimentos e milagres, que nos acostumamos e acomodamos e, por isso, não percebemos mais o quanto Deus está sempre cuidando de nós.

Mas uma história dessas, com o peso de uma intercessão grandiosa, é capaz de não só tornar-se inesquecível para quem a experimenta, como para quem ouve falar, para quem assiste a um vídeo sobre o assunto, ou até mesmo para quem lê o fato num livro ou num site especializado. Um milagre assim, que trouxe a luz em abundância para quem nunca tinha visto sua imensidão, independe de invenções radiofônicas, televisivas e virtuais, para se tornar conhecido.

Um milagre assim se torna eterno por causa do Eterno, que a todo instante mostra seu amor e seu poder restaurador, capaz de transformar a nós, homens mortais, em homens de fé e cheios da certeza de que teremos sempre uma Mãe intercedendo por cada um de nós.

> Tomai-nos sob a vossa proteção, defendei-nos dos perigos, ajudai-nos a vencer as tentações, que nos solicitam para o mal, e a conservar a pureza do nosso corpo e da nossa alma. Seja o vosso Coração Imaculado o nosso refúgio e o caminho que nos conduz a Deus. Concedei-nos a graça de orar e de nos sacrificar por amor de Jesus, pela conversão dos pecadores e em reparação pelos pecados cometidos contra o vosso Imaculado Coração. (Mons. Jonas Abib)

Oração a Nossa Senhora Aparecida

Ó incomparável Senhora da Conceição Aparecida, Mãe de meu Deus, Rainha dos Anjos, Advogada dos pecadores, Refúgio e Consolação dos aflitos e atribulados, ó Virgem Santíssima; cheia de poder e bondade, lançai sobre nós um olhar favorável, para que sejamos socorridos em todas as necessidades.

Lembrai-vos, clementíssima Mãe Aparecida, que não se consta que de todos os que têm a vós recorrido, invocado vosso santíssimo nome e implorado vossa singular proteção, fosse por vós algum abandonado. Animado com esta confiança a vós recorro: tomo-vos de hoje para sempre por minha Mãe, minha protetora, minha consolação e guia, minha esperança e minha luz na hora da morte. Assim, pois, Senhora, livrai-me de tudo o que possa ofender-vos e a vosso Filho, meu Redentor e Senhor Jesus Cristo.

Virgem bendita, preservai este vosso indigno servo, esta casa e seus habitantes, da peste, fome, guerra, raios, tempestades e outros perigos e males que nos possam flagelar.

Soberana Senhora, dignai-vos dirigir-nos em todos os negócios espirituais e temporais; livrai-nos da tentação do demônio, para que, trilhando o caminho da virtude, pelos merecimentos da vossa puríssima Virgindade e do preciosíssimo Sangue de vosso Filho, vos possamos ver, amar e gozar na eterna glória, por todos os séculos dos séculos. Amém.

5. O milagre do menino afogado

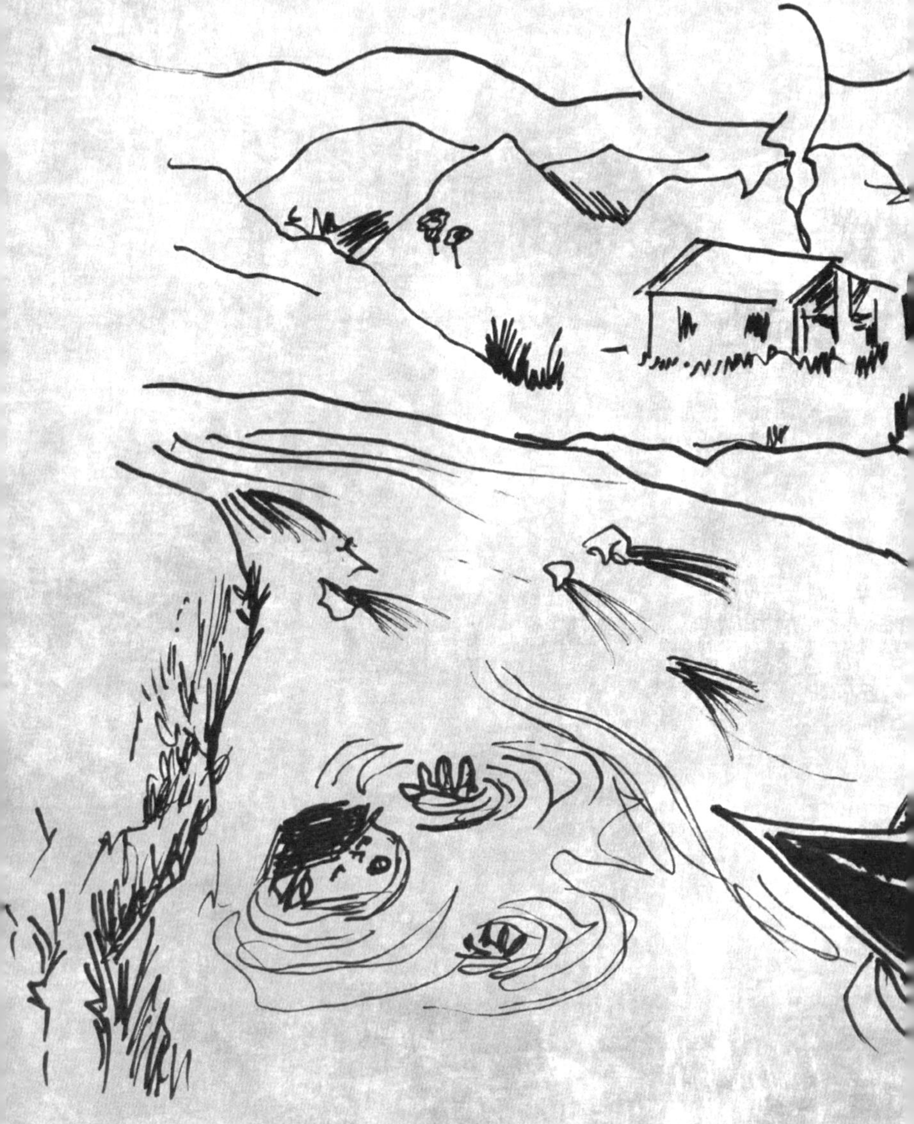

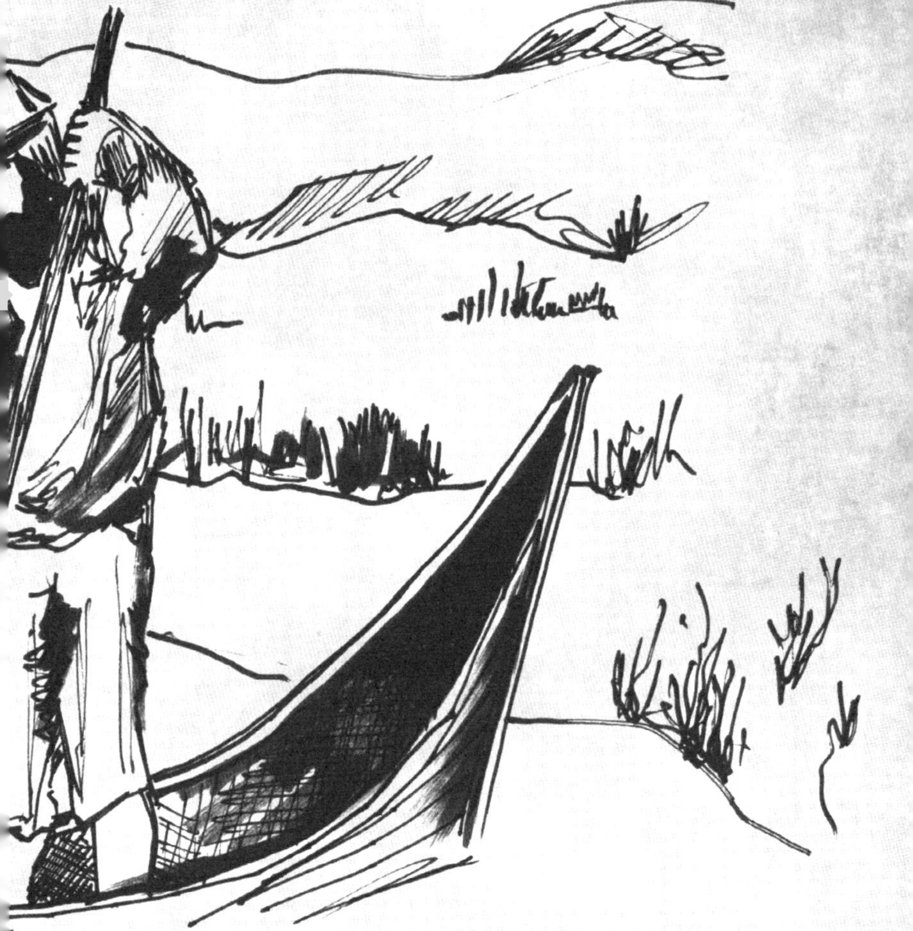

> *Andando à beira do mar da Galileia, Jesus viu dois irmãos, Simão, que é chamado Pedro, e André, seu irmão, abaixando uma rede no mar, pois eram pescadores. E disse-lhes: "Segui-me e eu farei de vós pescadores de homens".*
> *(Mt 4,18-19)*

AGORA, PRECISAMOS VIAJAR para o século XIX, no qual as águas do rio Paraíba do Sul testemunharam literalmente o cumprimento dessa citação do Evangelho de Jesus Cristo, narrado por Mateus nas Sagradas Escrituras. E precisava ser num rio grandioso assim, que nasce na serra da Bocaina, ainda com o nome de rio Paraitinga, e só passa a receber o nome de Paraíba do Sul na confluência com o rio Paraibuna, em São Paulo.

Um dos mais importantes mananciais do Brasil ainda atravessa outros dois estados, Minas Gerais e Rio de Janeiro, percorrendo 1.137 quilômetros até chegar ao Pontal de Atafona, litoral do pequeno município de São João da Barra/RJ, no norte fluminense, onde se entrega ao mar e suas águas adquirem tons marrons, que lembram as cores da areia molhada e do barro que habita parte do seu leito.

Mas é na região do Vale do Paraíba que precisamos ancorar nossa pequena canoa imaginária agora. Estamos em 1862 época em que já é crescente o volume de histórias ligadas a Nossa Senhora da Conceição. Por ter aparecido no leito do já famoso rio, ela recebeu do povo o complemento de "Aparecida" das águas. Diga-se de passagem que o "sobrenome" acabou sendo consagrado pela devoção popular, chegando a ser proclamada Rainha, no século seguinte, em 1902, e depois Padroeira do Brasil, em 1930.

> Segui-me e eu farei de vós pescadores de homens. (Mt 4,19)

Já em 1862, o rio Paraíba do Sul apresentava suas variações de correntezas e volumes de água. Nas estações chuvosas, assim como hoje, ele aumenta consideravelmente de tamanho e as corredeiras são ainda mais violentas. Ali, bem à margem do rio, vivia uma família simples, que dependia da pesca para sobreviver. O pai, como todos os homens da vizinhança, tinha sua canoa atracada no portão do quintal que dava acesso à pequena casa.

Naquele pedaço de terra, o menino Marcelino, com apenas três anos, brincava e certamente sonhava em ser um dia como o pai – entrar na canoa e lançar as redes atrás do alimento de cada dia. A irmã, Antônia, provavelmente queria mesmo era ser como a mãe Angélica, seja na cozinha, nos pequenos bordados ou nas orações do Santo Terço.

A Exortação Apostólica *Familiaris Consortio*, de São João Paulo II, dirige-se à família, ao episcopado, ao clero e aos fiéis de toda a Igreja Católica, e discorre sobre a função da família cristã no mundo de hoje. Em seu artigo 15, com subtítulo de *A família, comunhão de pessoas,* o documento narra o desígnio de

Deus sobre o Matrimônio e nos revela a beleza dos que buscam viver com intensidade e simplicidade o verdadeiro sentido da família, assim como a do menino Marcelino:

> No matrimônio e na família constitui-se um complexo de relações interpessoais – vida conjugal, paternidade-maternidade, filiação, fraternidade – mediante as quais cada pessoa humana é introduzida na "família humana" e na "família de Deus", que é a Igreja.
>
> O matrimônio e a família dos cristãos edificam a Igreja: na família, de fato, a pessoa humana não só é gerada e progressivamente introduzida, mediante a educação, na comunidade humana, mas mediante a regeneração do batismo e a educação na fé, é introduzida também na família de Deus, que é a Igreja.
>
> A família humana, desagregada pelo pecado, é reconstituída na sua unidade pela força redentora da morte e ressurreição de Cristo. O matrimônio cristão, partícipe da eficácia salvífica deste acontecimento, constitui o lugar natural onde se cumpre a inserção da pessoa humana na grande família da Igreja.
>
> O mandato de crescer e de multiplicar-se, dirigido desde o princípio ao homem e à mulher, atinge desta maneira a sua plena verdade e a sua integral realização.
>
> A Igreja encontra assim na família, nascida do sacramento, o seu berço e o lugar onde pode atuar a própria inserção nas gerações humanas, e estas, reciprocamente, na Igreja.
>
> (Papa João Paulo II – novembro de 1981)

Hoje, essa exortação apostólica existe para nos dar pistas concretas e acertadas de como fazer com que os jardins de nossa família floresçam e deem frutos doces e saborosos para este mundo tão necessitado de bons exemplos. Mas pense comigo, que as linhas bem traçadas do santo de nossos tempos foram escritas 119 anos depois da história do menino Marcelino e sua família. Eles, já naquela época, antes de todo esse ensinamento pontifício atualizado e reeditado pela Santa Igreja, já viviam esses princípios como base daquela simples família.

E Nossa Senhora da Conceição Aparecida tem uma participação primordial nesse processo de fé e conversão. Marcelino brincava no quintal de casa todos os dias, e continuava a ver seu pai sair para as águas do rio Paraíba do Sul. O garoto sabia exatamente a importante missão que seu pai tinha. Você consegue imaginar a festa que era todos os dias, para o menino, sua irmã e sua mãe, quando o destemido pescador se aproximava de casa com sua canoa mais pesada, por causa dos peixes que conseguira retirar com suas redes?

Isso certamente fazia aumentar a vontade de Marcelino, de ser como o seu pai. Como todo menino que cresce junto de pai e mãe, o garotinho sabia que menina aprende a fazer comidinha e menino aprende a usar ferramentas, a dirigir e, no caso dele, a conduzir uma canoa e a lançar uma rede, na certeza de que ela será puxada com muitos peixes.

Não dá para ter dúvidas de que esse modelo de pai, seja ele qual for, marcará para sempre a vida do menino. Ainda lembro do meu papai Adolpho, sapateiro conhecido do bairro Turfe Clube, em Campos dos Goitacazes/RJ. Sempre que podia, ele me levava para o trabalho e tinha sempre uma "tarefinha" para mim – engraxar um sapato, pregar uma tachinha e brincar com o ímã que recolhia os preguinhos para a bancada de trabalho.

Isso marcou minha história, porque aprendi a importância do trabalho, que dignifica o homem. E vou além, pois um sapateiro vive da Divina Providência, e com o Sr. Adolpho, não era diferente. Os pedidos de restauro do saltinho quebrado, do solado descolado e do sapato a ser fabricado por ele, vinham sempre na medida certa para colocar nosso alimento na mesa, nossas roupas no corpo e nossos livros nas carteiras das escolas. Louvo a Deus pelo pai que tive, e que me ensinou também a respeitar a Igreja e a ser um servo das obras do Senhor, como ele o foi ao atuar como um dos membros da Liga Católica, na Matriz de São Benedito.

Com Marcelino, o carimbo da fé veio logo na infância, e de uma forma milagrosa, que serviu para marcar a vida não só do menino, mas de todos de sua casa e vizinhança, até se tornar um milagre documentado pela Igreja.

Diz a tradição que Marcelino brincava no quintal, quando seu pai atracava a canoa, como de costume. Depois de recolher as redes e os peixes que tinha pescado naquele dia, o pescador entrou para guardar tudo. Foi quando o garotinho de três anos decidiu dar mais um passo em seu sonho de ser pescador como seu maior "herói" e melhor pescador de todos.

Marcelino, como todo serelepe na primeira infância, certamente verificou se tinha alguém olhando, e subiu na canoa para dar asas ainda maiores à sua imaginação. Mas, nessa brincadeira de ser pescador numa pequena embarcação artesanal, o menino perdeu o equilíbrio e caiu no rio Paraíba, que naquela época estava caudaloso e com veloz correnteza.

Até consigo imaginar os gritos de desespero e medo de Marcelino, ao ver seu pequeno corpo se afastar do quintal de casa, ao mesmo tempo em que subia e descia nas águas barrentas do rio. A mãe Angélica e sua irmã, Antônia, imediatamente se ajoelharam e começaram a clamar e pedir a intercessão de Nossa Senhora da Conceição Aparecida.

Só uma mãe de muita fé e devoção à mãezinha Aparecida, seria capaz de permanecer onde estava e se ajoelhar para clamar um milagre, mesmo vendo sua pequena cria ser tragada pelas águas do Paraíba do Sul. Só uma irmãzinha com passos largos na formação cristã, seria capaz de dobrar os joelhos junto com a mãe e suplicar pela vida do pequenininho, que tanto alegrava aquela humilde casa na beira do rio.

Impossível não calcular o que deve ter passado nos pensamentos de mãe e irmã, naqueles segundos desesperadores, em que os sentimentos de perda e tristeza já batiam brutalmente à porta daqueles corações acelerados.

E o milagre se deu quase que instantaneamente! Enquanto clamavam pelo menino, a Mãe Aparecida intercedia junto ao nosso Deus do impossível; imediatamente, o corpinho frágil e já quase sem vida ficou fixo, imóvel enquanto as corredeiras seguiam seu curso. A tradição também revela que, naquele ponto profundo do rio, não havia pedras ou penhascos que pudessem contribuir com a salvação do menino.

Por isso ninguém hesitou em dizer que o fato de ele não afundar mais nas águas, nem ter o seu corpo arrastado para mais longe, só poderia ser descrito como um milagre sob a intercessão da "santinha" Aparecida.

Assim que viu o menino cair na água, o pai correu como nunca da casa à canoa, feito um velocista, mas também feito um feroz leão a defender sua cria dos predadores. E quando o corpo de Marcelino ficou estático sob as águas do rio Paraíba do Sul, o seu "herói" já estava ali pertinho dele, com o leme que usava para conduzir a canoa, puxando o menino para dentro da pequena embarcação.

Os pais sabem muito bem a sensação de "salvar" os filhos de uma situação de alto risco e o alívio que isso traz, ao perceber que não houve nada de mais, e a vida daquela criaturinha foi preservada.

Foi assim com Maria e José, ao saberem que a inveja e o medo de perder o poder, fizeram com que o rei Herodes determinasse a morte de todas as crianças até dois anos de vida.

Deus envia um anjo a José em sonho, que lhe diz que deve imediatamente tomar a Jesus e a Maria e fugir para o Egito, devendo permanecer lá até que Deus o avise, porque Herodes haveria de procurar o menino para matá-Lo (cf. Mt 2,13). À noite, José toma Maria e o menino Jesus e foge para o Egito, permanecendo lá até a morte de Herodes, o Grande, para que se cumprisse o que fora dito pelo Senhor através do profeta Oseias: "...do Egito chamei o meu Filho". (cf. Os 11,1).

Quando Herodes descobre que foi enganado pelos magos, fica bastante irado e manda matar todos os meninos de Belém e de todos os seus arredores, de dois anos para baixo, conforme o tempo do qual com precisão se informara dos magos. Quando essa matança se verifica, cumpre-se mais uma profecia proclamada por Jeremias: "Ouviu-se um clamor em Ramá, pranto, choro e grande lamento; era Raquel chorando por seus filhos e inconsolável porque não mais existem" (cf. Mt 2,17-18).

Quando Herodes morreu, um anjo do Senhor apareceu novamente em sonho a José e orientou-lhe a voltar para Israel com a família, porque os que atentavam contra a vida de Jesus já haviam morrido (cf. Mt 2).

José, por ser um homem escolhido por Deus e de ouvidos e coração abertos aos sinais do Senhor, tomou a decisão de seguir para o Egito e salvar o menino Jesus das atrocidades de um rei enlouquecido pelo poder, e enfurecido por se sentir ameaçado de perder seu trono. Mas quantos pais, até mesmo conhecidos de José, não tiveram a mesma chance e viram seus meninos serem massacrados pelos soldados insensíveis de Herodes?

O pescador de peixes e de um pequenininho homem, sustentado pela oração da esposa Angélica e da filha Antônia, acrescentou grande bagagem à sua fé e devoção a Nossa Senhora da Conceição Aparecida. Certamente, foi o desejo de ver a família de pé, que moveu a Virgem Maria a interceder pelo menino Marcelino, hoje lembrado como um dos milagres mais grandiosos experimentados por quem confiou a vida à intercessão de Nossa Senhora.

Mas, ainda hoje, existem aqueles que preferem buscar a modernidade da cultura e do ensinamento para formar seus filhos, sem se importarem com o que está sendo gravado em seus coraçõezinhos. São pessoas que não se importam em falar aos filhos sobre Deus e Nossa Mãezinha do Céu. E o que estamos assistindo nos últimos tempos são verdadeiras aberrações, de maneira que a Igreja e a educação na fé acabam sendo duramente criticadas por quem não abriu o coração e não tocou na graça de ser de Deus e de Nossa Senhora.

> A família tem a missão de se tornar cada vez mais aquilo que é, ou seja, comunidade de vida e de amor, numa tensão que, como para cada realidade criada e redimida, encontrará a plenitude no Reino de Deus. E numa perspectiva que atinge as próprias raízes da realidade, deve-se dizer que a essência e os deveres da família são, em última análise, definidos pelo amor. Por isso lhe é confiada a missão de guardar, revelar e comunicar o amor, qual reflexo vivo e participação real do amor de Deus pela humanidade, e do amor de Cristo pela Igreja, sua esposa. (Papa João Paulo II – Exortação Apostólica *Familiaris Consortio* – art. 17)

Consagração da Juventude a Nossa Senhora Senhora Aparecida, Mãe de Jesus Cristo

Senhora Aparecida, Mãe de nossa juventude! A Senhora nos deu Jesus Cristo, o amor do Pai feito homem e nosso irmão. A Senhora é a criatura que mais amou e ama a Deus e a todos nós. Por isso é o modelo de que precisamos. É o exemplo que buscamos.

Aceitai nossa inteligência, para que se ilumine com a verdade que é Jesus Cristo. Aceitai a nossa vontade, para escolhermos o único caminho, o bem. Aceitai nosso coração, para que encontremos a vida, a felicidade de servir e amar.

Sempre animados pelo vosso exemplo e proteção, seremos exatos em nossos deveres, nobres nas atitudes e sinceros nas intenções. Com a Senhora, seremos "um novo céu e uma nova terra", porque viveremos uma única verdade, um único caminho e teremos uma única vida, vosso Filho, Jesus Cristo. Amém!

6. O milagre do cavaleiro

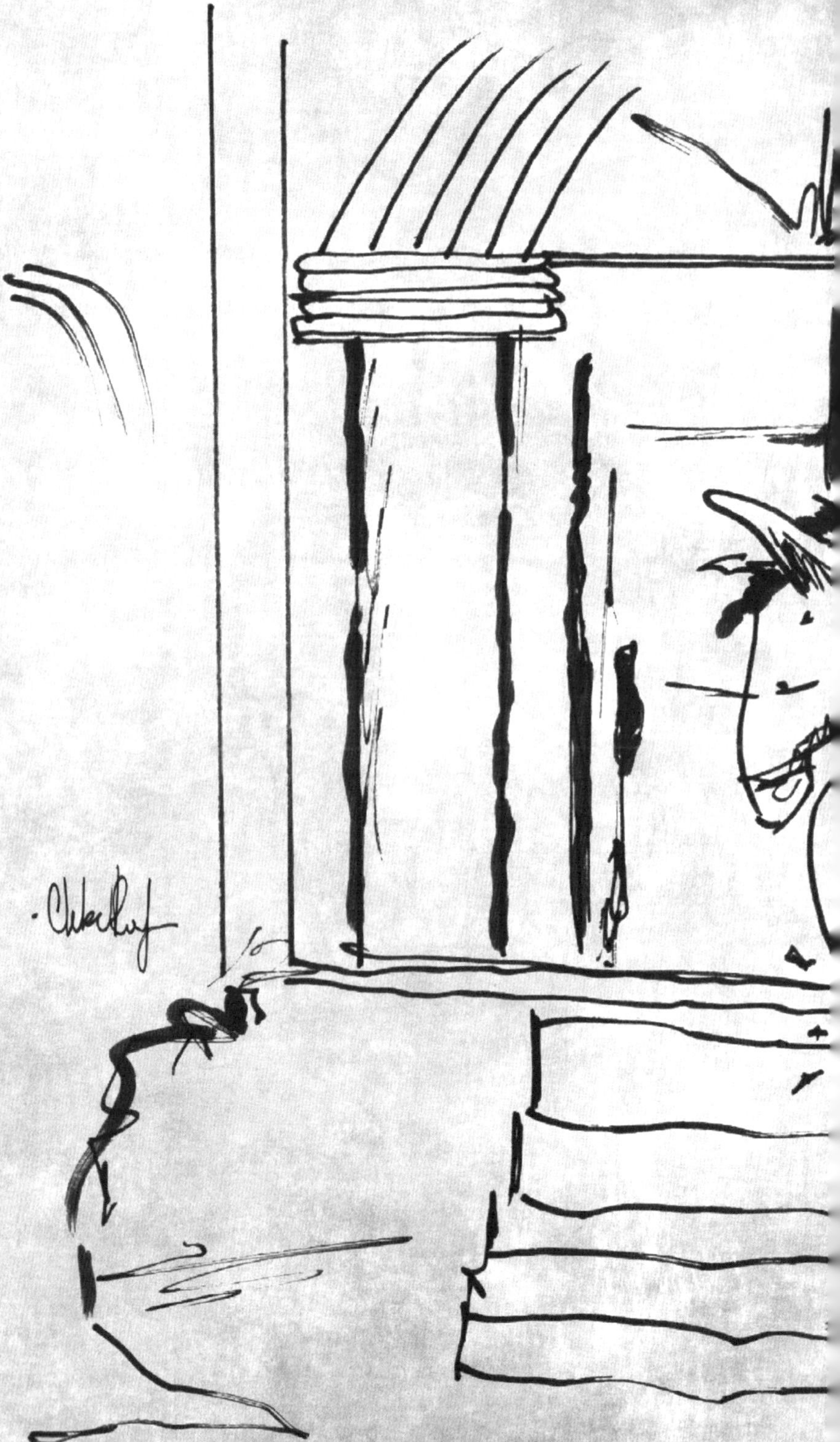

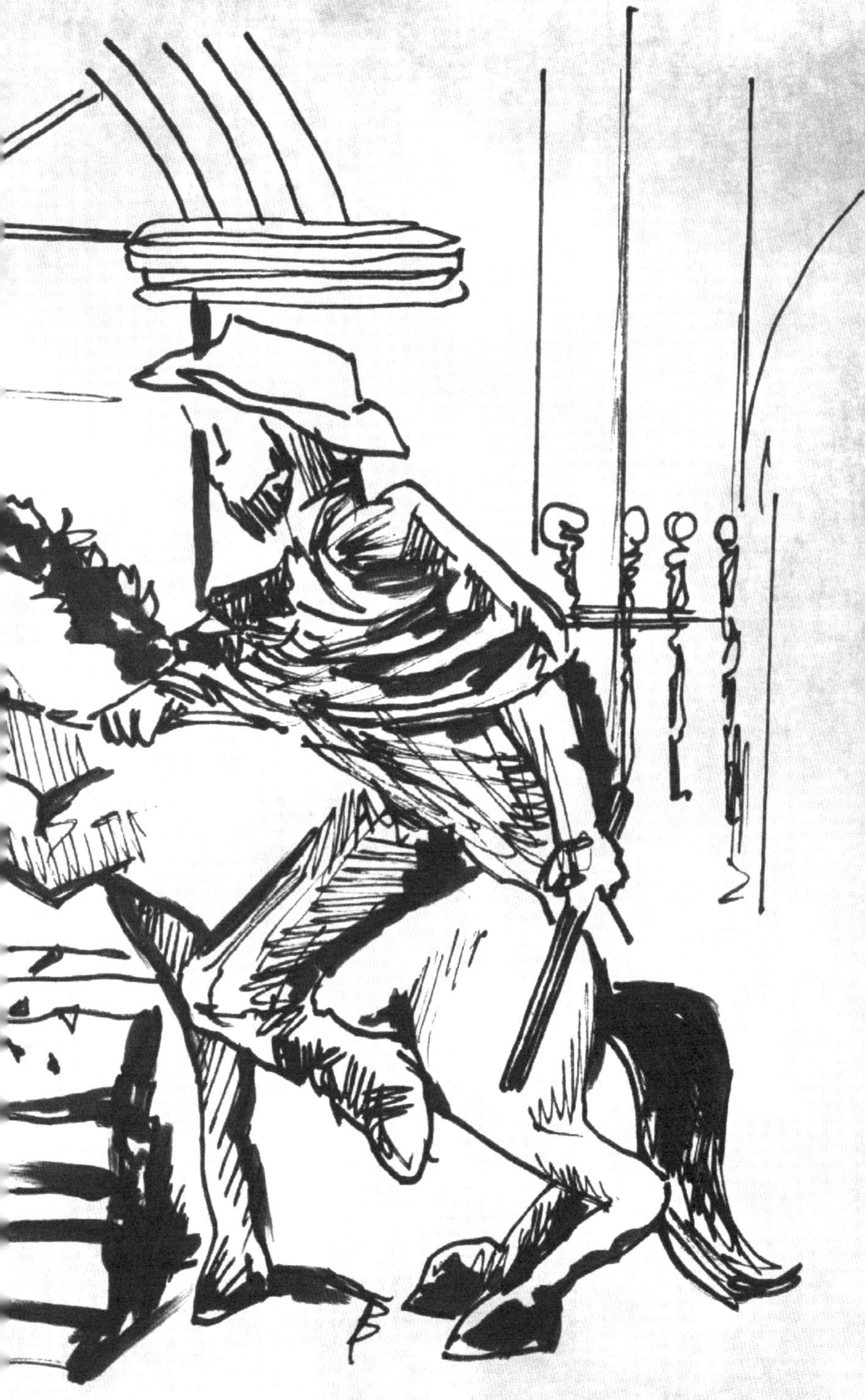

> *Persegui até à morte os que seguiam este Caminho, prendendo homens e mulheres e jogando-os na prisão. Disso são minhas testemunhas o Sumo Sacerdote e todo o conselho dos anciãos. Eles deram-me cartas de recomendação para os irmãos de Damasco. Fui para lá, a fim de prender todos os que encontrasse e trazê-los para Jerusalém, a fim de serem castigados. Ora, aconteceu que, na viagem, estando já perto de Damasco, pelo meio dia, de repente uma grande luz que vinha do céu brilhou ao redor de mim. Caí por terra e ouvi uma voz que me dizia: "Saulo, Saulo, por que me persegues?". Eu perguntei: "Quem és tu, Senhor?". Ele me respondeu: "Eu sou Jesus, o Nazareno, a quem tu estás perseguindo".*
> *(At 22,4-8)*

A PSICOLOGIA TEM DEFINIÇÕES CLARAS para os indivíduos que perseguem pessoas e religiões, e até tratamentos que podem trazer desenvolvimento para a humanidade. Entre as definições, podemos citar os maníacos depressivos, psicopatas, esquizofrênicos. Mas, conversando com alguns psicólogos sobre o assunto, todos os profissionais da área fizeram questão de dizer que cada caso é um caso, e que não se pode rotular uma pessoa como psicopata, por exemplo, só pelo fato de ela implicar ou até mesmo criticar ou perseguir outras pessoas.

Para os perseguidores, há o desejo de manter os acontecimentos sob controle, sobretudo os que nos inquietam. Talvez no primeiro momento, seja esse o sentimento que tenha dominado Saulo. Mas a Sagrada Escritura também mostra que algo sobrenatural aconteceu e foi capaz de mudar até mesmo o seu nome, tamanho impacto provocado por aquela queda e soerguimento.

Ao navegar no curso dessa história, ancoramos nossa canoa no final do século XVII, início do século XVIII, no qual também encontramos homens de cabeça dura e com o desejo de manter tudo sob controle, exterminando tudo que os inquietam. Muitos desses personagens reais da história também caíram do cavalo, simplesmente por duvidarem ou perseguirem a fé e aqueles que nela depositam suas esperanças. Foi assim com um tropeiro, que duvidava da fé e devoção dos que já experimentavam os milagres e graças, sob a intercessão de Nossa Senhora da Conceição Aparecida.

Os "tropeiros" tinham uma grande importância econômica para o Brasil colonial. Eles eram condutores de tropas de animais – daí o nome "tropeiros" – e tinham o dom do comércio. Os tropeiros comerciavam, em sua maioria, gado, mulas e cavalos, entre as regiões sul, sudeste e centro-oeste do país. Os percursos podiam durar várias semanas.

Esse tipo de atividade foi forte e resistiu por quase três séculos. Eles foram responsáveis também pelo surgimento de pequenos povoados, a partir do século XVIII, por causa de suas paradas estratégicas para trocas de mercadorias, enquanto o gado se refazia em áreas de pasto ao longo do trajeto.

O interessante é que esses povoados começaram a se desenvolver naturalmente para atender as tropas, ao mesmo tempo em que os tropeiros levavam e traziam mercadorias para esses lugarejos. Foi assim, de forma despretensiosa, que os tropeiros prestaram uma grandiosa contribuição ao desenvolvimento das regiões por onde passaram. Eles foram responsáveis pela integração econômica e cultural entre muitas regiões longínquas do Brasil colônia.

Por onde passavam, estimulavam o aparecimento de vilas, freguesias e cidades. Geralmente, um tropeiro começava na profissão ainda garoto, por volta dos dez anos. Ele acompanhava o pai, que era quem comprava e vendia os animais e conduzia a tropa. Dá até para imaginar o estilo do tropeiro: chapelão de feltro preto, cinza ou marrom, de abas viradas, camisa de cor similar ao chapéu de pano forte, capa ou manta com uma abertura no centro, além de botas de couro flexível que chegavam até o meio da coxa, para protegê-lo em dias de chuva, nos terrenos alagados.

Outra característica que definia bem o tropeiro era a alimentação constituída basicamente de toucinho, feijão, farinha, pimenta-do-reino, café, fubá e coité, uma espécie de molho de vinagre com fruto cáustico espremido. Depois de trotar por pelo menos quarenta quilômetros por dia, os tropeiros faziam suas paradas para recarregar as forças. E era nos pousos que comiam feijão quase sem molho com pedaços de carne de sol e toucinho, o hoje tão saboreado e festejado feijão tropeiro. O prato era servido com farofa e couve picada.

Por causa das condições nada favoráveis, o tropeiro precisava ter capacidade de resolver inúmeros problemas durante o trajeto.

As longas jornadas exigiam que ele fosse médico, soldado, artesão, caçador, pescador, cozinheiro, veterinário, negociante, mensageiro e agricultor. E, para exercer tantos ofícios, era necessário um verdadeiro arsenal de instrumentos e ferramentas, sempre atrelados às mulas que seguiam a tropa.

Um homem assim era acostumado às adversidades da vida, e capaz de suportar as dores do mundo. Muitos, por saírem muito cedo de casa para o trecho, não tinham nem chance de exercitar sua fé; logo, não costumavam acreditar em qualquer coisa, muito menos em milagres atribuídos a uma santa encontrada no fundo de um rio, bem distante de sua casa.

Cavaleiro habilidoso, capaz de domar qualquer burro xucro, o tropeiro que vamos conhecer agora já devia ter muitos anos de travessias, muitas madrugadas frias, aquecidas pela capa sobre o corpo e pelo feijão sapecado na caçarola na boca do fogo improvisado.

Ele era de Cuiabá/MT, e não tinha fé. Assim como Saulo, que as Sagradas Escrituras descrevem de forma detalhada:

> Eu persegui de morte essa doutrina, prendendo e metendo em cárceres homens e mulheres. O sumo sacerdote e todo o conselho dos anciãos me são testemunhas. E foi deles que também recebi cartas para os irmãos de Damasco, para onde me dirigi, com o fim de prender os que lá se achassem e trazê-los a Jerusalém, para que fossem castigados. (At 22,4-5)

A história de perseguição aos cristãos protagonizada por Saulo voltava a ganhar força e corpo num cavaleiro que não tinha fé – um tropeiro que tinha coragem até mesmo de zombar dos devotos de Nossa Senhora da Conceição Aparecida. Devia ser daquele tipo de pessoa que verbalizava com facilidade tudo que vem à mente, alguém capaz de debochar de quem acreditava na poderosa intercessão da Mãe de Milagres.

> O homem que não tem juízo ridiculariza o seu próximo, mas o que tem entendimento refreia a língua. (Pr 11,12)

E o pior de tudo é que esse tropeiro não se conteve só em zombar dos devotos de sua redondeza. Ele foi capaz de ir mais longe em suas zombarias e deboches. Depois de muitas andanças, chegou a oportunidade tão esperada pelo indivíduo incrédulo: o dia de conduzir sua tropa pelo Vale do Paraíba. Então, o cavaleiro deve ter deitado num dos acampamentos, já maquinando todo plano de mostrar que aquela fé e devoção do povo não passava de uma grande besteira.

Por não acreditar no poder da intercessão de Nossa Senhora da Conceição Aparecida, o tropeiro devia estar com uma ideia fixa. Naquela manhã, já bem pertinho da Capela onde estava a imagem da Virgem Aparecida, ele deve ter se levantado depressa e amarrado sua "bruaca", uma espécie de bolsa de couro cru usada para transporte de comida, com os lábios entre os dentes. Deve ter deixado toda a tralha no canto do acampamento e montado no lombo do animal, sem pensar muito no longo dia de viagem que enfrentaria.

O tropeiro queria mesmo era correr até a Capela de Nossa Senhora da Conceição Aparecida. Ao entrar no lugarejo, já bastante movimentado por peregrinos, o trote do animal chamava a atenção de todo mundo. Imagine aquelas ferraduras cobertas de lama, agora fazendo harmonia naquelas ruas de pedra cortada. Dá até apra imaginar o barulho cadenciado do metal.

Mas o que ninguém imaginava, ao ver aquele cavaleiro passar, era a intenção que ele trazia em seu coração de tropeiro. Um sujeito assim, capaz de admirar o luar, até mesmo abraçado com uma viola e cantando as saudades de casa, não seria capaz de surpreender ninguém com coisas fora do comum. Muito menos planejar um "ataque" à fé e devoção das pessoas que foram ver de perto a imagem de Nossa Senhora, pescada nas águas do Paraíba do Sul.

À medida que o trote do cavalo ia ganhando mais ritmo, certamente muitas pessoas começaram a franzir a testa e até a criticar, nem que seja por pensamento, os galopes daquele animal num lugar tão movimentado.

O que ninguém sabia era que o tropeiro queria mesmo era zombar da fé de todos ali, mostrar que aquela devoção a Nossa Senhora era um erro. O homem deve ter gritado para chamar a atenção de todo mundo: "Iááá! Iááá!". Afinal, não tem sentido querer fazer algo definido como grandioso, sem que todos que estejam ao redor parem para ver.

O tropeiro deve ter apavorado todos com os supostos gritos e, principalmente, ao dizer algo como: "Ei, vocês! Não existe imagem milagrosa coisa nenhuma! Isso precisa acabar! Vou entrar com meu cavalo nessa igreja e acabar com essa farsa!".

Foi então que o tropeiro partiu com seu animal em direção à porta da igreja. Ele queria entrar galopando e derrubando tudo que encontrasse pela frente. Foi nessa hora que ele pôde experimentar a força de algo parecido com o que experimentou Saulo, o perseguidor de cristãos.

> Caí por terra e ouvi uma voz que me dizia: "Saulo, Saulo, por que me persegues?". Eu perguntei: "Quem és tu, Senhor?". Ele me respondeu: "Eu sou Jesus, o Nazareno, a quem tu estás perseguindo". Meus companheiros viram a luz, mas não ouviram a voz que me falava. Então perguntei: "Que devo fazer, Senhor?". O Senhor me respondeu: "Levanta-te e vai para Damasco. Ali te explicarão tudo o que deves fazer". Como eu não podia enxergar, por causa do brilho daquela luz, cheguei a Damasco guiado pela mão dos meus companheiros. Um certo Ananias, homem piedoso e fiel à Lei, com boa reputação junto de todos os judeus que aí moravam, veio encontrar-me e disse: "Saulo, meu irmão, recupera a vista!". No mesmo instante, recuperei a vista e pude vê-lo. Ele, então, me disse: "O Deus de nossos antepassados escolheu-te para conheceres a sua vontade, veres o Justo e ouvires a sua própria voz. Porque tu serás a sua testemunha diante de todos os homens, daquilo que viste e ouviste. E agora, o que estás esperando? Levanta-te, recebe o batismo e purifica-te dos teus pecados, invocando o nome dele!". (At 22,4-8)

Ao galopar com seu cavalo em direção à porta da igreja, o animal prendeu as patas no primeiro degrau da escada. Visualize a cena do cavaleiro com ódio nos lábios, galopando de coração disparado, na certeza de que mostraria a todos que ele e seu possante animal eram mais fortes que a fé e devoção das pessoas a Nossa Senhora.

Não há como correr num cavalo e não beijar o chão, ao ver o animal parar repentinamente. Certamente, os dois foram ao chão. A pedra ficou marcada pela ferradura, e hoje é peça de museu no

Santuário Nacional de Aparecida. O fato foi documentado pela Igreja como o Milagre do Cavaleiro, provavelmente porque uma força sobrenatural fez o cavalo prender a pata numa das pedras que compunham o degrau de acesso à igreja, mas também porque o tropeiro, ao cair do cavalo, não duvidou mais da força superior que fez e faz milhares de pessoas tocarem em graças e milagres que alcançaram sob a intercessão de Nossa Senhora da Conceição Aparecida.

Não creio que alguém foi capaz de sorrir ao ver que, como Paulo, o tropeiro também precisou cair do cavalo para começar uma nova vida. É improvável que ele tenha trocado de nome ou abandonado a vida de condutor de tropa de animais – a única troca que deve ter acontecido na vida daquele homem é a de capa. O tropeiro deve ter deixado a capa da incredulidade cair definitivamente para então vestir um novo manto, repleto de carinho e maternidade, com o qual somente a Mãe de Milagres é capaz de nos revestir.

A história não conta se o tropeiro se tornou um defensor da devoção e fé dos romeiros a Nossa Senhora Aparecida. Mas, certamente, não faltaram oportunidades para contar aos companheiros de tropa o que experimentou naquela porta de entrada da igreja. Se ele foi capaz de contar o vexame que viveu, já valeu a pena, pois certamente propagou uma história de fé e milagre, capaz de atingir até os corações mais distantes do Senhor.

> Graças àquele que me deu forças, Jesus Cristo, nosso Senhor, porque me julgou digno de confiança e me chamou ao ministério, a mim que outrora era blasfemo, perseguidor e injuriador. Mas alcancei misericórdia, porque ainda não tinha recebido a fé e o fazia por ignorância. (1Tm 1,12ss)

Oração pelas famílias dos devotos

Senhor Deus, apresentamos a nossa prece de gratidão, pois nos destes a Virgem Maria e nela mostrastes vosso amor e abristes vosso coração.

Com ela, nos destes a possibilidade de também abrir o nosso coração, como devotos, para construir a vida a partir da Casa de Maria, casa de irmãos.

Recebei, Senhor, nossa oração e nosso humilde esforço em construir e tornar mais linda e mais acolhedora a Casa da Mãe Aparecida.

Quanta beleza os nossos olhos contemplam em vossa Casa! Um pedacinho do céu! Mas queremos, Senhora, contemplar a beleza escondida nos corações generosos, que só os olhos de Maria contemplam, através de sua imagem querida de Aparecida, cujo olhar silencioso toca tão profundamente os corações brasileiros.

Dai-nos a bênção, ó Mãe querida, Nossa Senhora Aparecida!

7. O milagre do escravo Zacarias

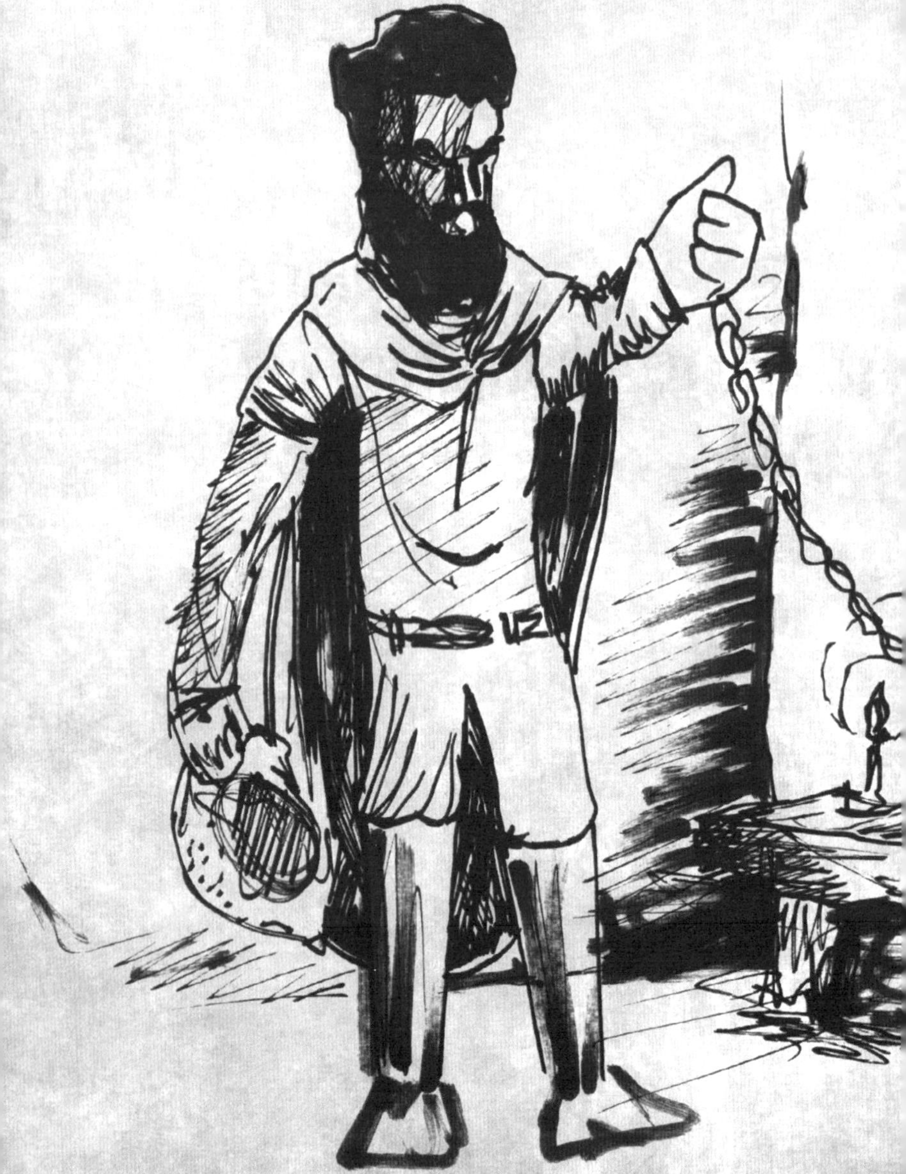

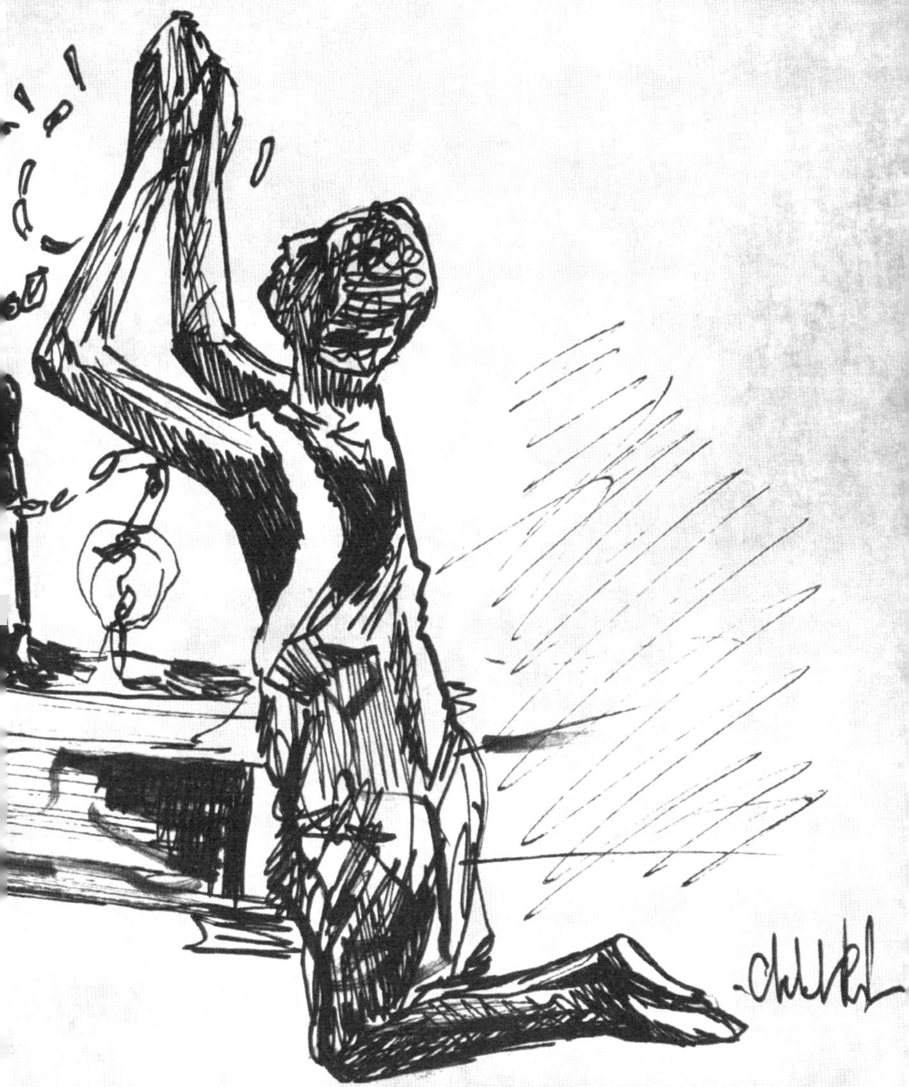

> *Foi para a liberdade que Cristo nos libertou. Portanto, permaneçam firmes e não se deixem submeter novamente a um jugo de escravidão.*
> *(Gl 5,1)*

SE ME FOSSE PEDIDO para definir o século XIX no Brasil, com apenas uma palavra, sem pestanejar apontaria *liberdade* como a melhor de todas. É só fazer uma leitura dos fatos ocorridos em 1822 e 1888 para entender como os acontecimentos desses dois momentos foram marcantes e alteraram profundamente o curso da História desse país.

Há que se considerar que, até hoje, ainda temos reflexos da governança colonial, tão interessada nas riquezas do território brasileiro. Concordo, também, que ainda existem muitos sofrendo ultrajes e humilhações por causa das marcas deixadas pelos grilhões nos pulsos e tornozelos das pessoas que viveram naquele tempo.

Mas, ao observar os detalhes da história da Independência do Brasil e da Libertação dos Escravos, qualquer pessoa mais atenta vai notar que a devoção à Nossa Senhora da Conceição Aparecida está fortemente ligada aos dois personagens fundamentais dessas duas mudanças. Dom Pedro I e sua neta,

Princesa Isabel, não escondiam a confiança e a fé que tinham na intercessão de Nossa Senhora.

Dom Pedro I era príncipe regente, e vivia dias de grande pressão. Para entender que pressão era essa, navegaremos um pouco na História do Brasil colônia. O comando dessa "caravela" era de Dom João VI, que firmou e cumpriu acordos internacionais, ao abrir os portos brasileiros às demais nações do mundo. A medida era uma espécie de primeiro "grito de independência", libertando a colônia brasileira do monopólio comercial imposto pelo antigo pacto colonial. Grandes produtores agrícolas e comerciantes nacionais aumentaram seus negócios, e a liberdade já era sentida no bolso de nossas elites.

Uma Assembleia Nacional, formada por revolucionários lusitanos, exigia que o rei Dom João VI retornasse à Portugal para legitimar as transformações políticas. Mas, em 1821, com medo de perder o título de rei, Dom João deixou tudo nas mãos do filho, Dom Pedro I, a quem nomeou príncipe regente do Brasil. Isso sem falar do rombo dos cofres brasileiros, que deixou a nação em péssimas condições financeiras.

As conturbações políticas contrárias às intenções dos lusitanos levaram Dom Pedro I a tomar medidas em favor da população brasileira. O príncipe regente baixou impostos e equiparou as autoridades militares nacionais às lusitanas. Naturalmente, tais ações irritaram as Cortes de Portugal. Em meio a tanta turbulência, Dom Pedro I teve uma inspiração durante sua viagem ao Rio de Janeiro e São Paulo.

Ao passar pelo Santuário de Aparecida, o então príncipe regente se sentiu atraído e, sem negar suas origens religiosas, decidiu rezar diante da imagem de Nossa Senhora da Conceição Aparecida. Aqui, preciso fazer um parêntese e voltar aos dias de hoje, para lançar uma pergunta: quantos governantes têm a coragem e a liberdade de só tomar suas decisões, depois de rezar e pedir a Deus e à Virgem Maria a direção para decretos e medidas que transformarão a vida de milhares de pessoas?

Talvez por ser íntimo de Deus e devoto de Nossa Senhora Aparecida, é que Dom Pedro I tenha encontrado precisão e determinação em suas decisões que mudaram a História deste país. Diante daquela imagem, encontrada nas águas do rio Paraíba do Sul 105 anos antes, o príncipe regente prometeu consagrar o Brasil à Mãe Aparecida, caso conseguisse resolver de forma favorável sua complicada situação política.

Essa promessa foi feita por Dom Pedro I no dia 22 de agosto de 1822, e não levou nem um mês para que a graça fosse alcançada. Quinze dias depois de sua visita ao Santuário de Aparecida, no dia 7 de setembro, em São Paulo, Dom Pedro I entrou definitivamente para a História, ao dar um grito que até hoje ecoa nas páginas dos livros escolares e na vida dos brasileiros. Seu brado, "Independência ou Morte!", dado às margens do rio Ipiranga, fez nascer a independência do Brasil.

O príncipe se tornou o primeiro imperador de nossa história. Certamente, havia no coração de Dom Pedro I o desejo de cumprir o prometido a Nossa Senhora da Conceição Aparecida. E a consagração oficial e declarada à população só veio a acontecer durante um Congresso Mariano anos mais tarde, quando o líder do episcopado brasileiro, Dom Sebastião Leme, Cardeal Arcebispo do Rio de Janeiro, apresentou aos bispos a proposta para pedir à Santa Sé que declarasse Nossa Senhora Aparecida Padroeira do Brasil.

O Papa Pio XI fez a declaração em julho de 1930 e, no final daquele mesmo ano, Dom Sebastião Leme tomou a iniciativa de realizar uma festa para a proclamação de Nossa Senhora Aparecida como Padroeira do Brasil. Na verdade, tratava-se de uma grande manifestação popular, organizada para acontecer no Rio de Janeiro no dia 31 de maio de 1931.

Conduzida em trem especial e enfeitado, a imagem saiu de Aparecida para o Rio de Janeiro. Era a primeira vez que isso acontecia, desde que havia sido entronizada no Santuário em 1889. Sua chegada foi vista por mais de um milhão de fiéis, que vieram participar das celebrações.

O curso da história conta que também o imperador Dom Pedro II e a imperatriz Teresa Cristina estiveram em 1843 e em 1865 na capela de Aparecida, para rezarem diante da imagem. Mas foi em 1868 que a festa de Nossa Senhora da Conceição Aparecida, então celebrada em 8 de dezembro, dia da Imaculada Conceição, teve outra visita marcante de outra pessoa muito especial para a história de liberdade do nosso Brasil – a princesa Isabel, um nome fortemente ligado aos escravos, e que teve a coragem e a fé de mudar a vida e quebrar os grilhões de milhares de negros, aprisionados por um regime escravocrata de crueldade sem medidas.

Um pouco antes do fim dessa era de dor e opressão, um escravo, como tantos sufocados pelas algemas e senzalas, decidiu fugir da fazenda onde vivia, em Curitiba/PR. O jovem Zacarias era determinado e tinha muita disposição. Ele encontrou recursos físicos e raciocínio eficaz para atravessar 583 quilômetros entre a capital paranaense e a região do Vale do Paraíba, onde tentou, sem sucesso, escapar definitivamente da prisão à qual era submetido pelo seu senhor de engenho.

O seu "dono" não queria perdê-lo, e certamente determinou a um certo "capitão do mato" que iniciasse a "caçada" por todos os cantos do país. A missão desse funcionário do engenho era seguramente muito difícil. Embora o Brasil de 1880 fosse o maior construtor de estradas de ferro do mundo, com mais de 26 mil quilômetros de ferrovias, ainda existia muita mata, e encontrar o escravo Zacarias seria o mesmo que procurar uma agulha no palheiro.

Para o escravo, os dias de fuga também não foram fáceis. Dá até para imaginar o sentimento de perseguição que rondava o pensamento de Zacarias. Qualquer movimento diferente no mato já devia gerar um medo e uma aflição incalculáveis. Mas a história revela que esse escravo tinha encontrado um caminho de segurança, que lhe renderia muitas surpresas e milagres. Apesar de sua fuga implacável, a tão almejada liberdade ainda não tinha acontecido e não era real – pelo menos, para todos que apoiavam com fervor a manutenção da escravidão no Brasil.

E não é que o capitão do mato conseguiu descobrir o escravo fujão? Ele não só encontrou Zacarias, como conseguiu acorrentá-lo. Agora, o seu troféu, que com certeza lhe renderia muito mais que elogios do senhor de engenho, precisava ser levado de volta à fazenda, em Curitiba. Eles estavam bem perto da capela de Nossa Senhora da Conceição Aparecida – mesma onde a princesa Isabel esteve.

A herdeira do trono brasileiro havia participado das celebrações alguns anos antes, ao lado de seu marido, o Conde d'Eu. Os dois tinham a esperança de obterem da Senhora Aparecida a graça de um filho. E esse encontro da princesa com a Mãe de Milagres precisava ser marcante. Assim, para manifestar sua devoção, Isabel doou um manto ornado com vinte e um brilhantes, representando as vinte Províncias do Império e a capital.

Em 1884, a princesa Isabel voltou a Aparecida para agradecer a graça alcançada. A felicidade da neta de Dom Pedro I era visível. Ela estava com o esposo e três herdeiros, os príncipes D. Pedro, D. Luís e D. Antônio. E, outra vez, o encontro foi marcado com presentes. Isabel quis honrar a imagem da Senhora Aparecida, oferecendo uma coroa de ouro 24 quilates, de trezentos gramas, cravejada de brilhantes; vinte anos depois, a peça seria usada solenemente na coroação da imagem, por ordem do Papa São Pio X.

A religiosidade de princesa Isabel vem de berço. A regente do Império no Brasil, e filha de D. Pedro II, assinou a Lei do Ventre Livre e a Lei Áurea, que pôs fim à escravidão no Brasil. A última princesa do Império Brasileiro nasceu no Palácio de São Cristóvão, Rio de Janeiro, no dia 29 de julho de 1846. No dia 29 de julho de 1860, aos 14 anos, obedecendo a Constituição, ela presta o juramento de "manter a religião católica, observar a constituição política do País e ser obediente às Leis e ao Imperador".

Ao completar 25 anos, tornou-se a primeira senadora do Brasil e assumiu a regência, enquanto D. Pedro viajou para a Europa. No dia 28 de setembro de 1871, ela assinou a Lei do Ventre-Livre. Na segunda vez em que assumiu a regência, enquanto D. Pedro voltava à Europa para tratamento de saúde, a campanha abolicionista contava com o apoio de vários setores da sociedade, e o fim da escravidão era uma necessidade nacional.

A regente se aliou aos movimentos populares e aos partidários da abolição da escravatura e enfrentou o ministro Barão de Cotegipe, que era a favor da escravidão. Para não adiar o fim dessa tortura, a princesa assinou a demissão do Barão e nomeou o Conselheiro João Alfredo para o seu lugar. No dia 13 de maio de 1888, finalmente D. Isabel assinava a lei Áurea, que dizia: "A partir desta data ficam libertos todos os escravos do Brasil".

Isabel Cristina Leopoldina Augusta Micaela Gabriela Rafaela Gonzaga de Bragança e Bourbon faleceu no dia 14 de novembro de 1921. Seus restos mortais foram transladados em 6 de julho de 1953 para o Rio de Janeiro, juntamente com os do Conde d'Eu, para o Mausoléu da Catedral de Petrópolis.

A carta de alforria do escravo Zacarias não foi assinada pela princesa Isabel, porque antes de todo o desenrolar abolicionista, os grilhões do escravo fugitivo foram quebrados pela fé. Enquanto arrastava suas correntes no trajeto de volta à fazenda em Curitiba, o negro não baixava a cabeça, como um derrotado.

Tanto que, por ela estar bem erguida, é que pôde notar a capela de Nossa Senhora da Conceição Aparecida.

Percebendo que esta poderia ser sua última chance de conhecer a já tão comentada imagem milagrosa, pescada no rio Paraíba do Sul, Zacarias não hesitou e suplicou ao capitão do mato uma espécie de último desejo, antes de ser levado ao tronco e ser chicoteado, quem sabe até a morte, para servir de exemplo a outros cativos que pensavam em escapar da escravidão.

Os lábios deviam estar trêmulos, a voz fraca de sede e as pernas bambas de tanto correr das correntes que estavam novamente aprisionando seus calcanhares e pulsos, cada vez mais finos de fome. Mesmo assim, ele pediu para rezar aos pés da Mãe Aparecida. O capitão do mato provavelmente percebeu que sua "presa" já não tinha mais forças para fugir, e então deve ter pensado que não seria nada de mais levá-lo até a presença de Nossa Senhora.

> Deus escolheu o que para o mundo é loucura para envergonhar os sábios, e escolheu o que para o mundo é fraqueza para envergonhar o que é forte. Ele escolheu o que para o mundo é insignificante, desprezado, e o que nada é para reduzir a nada o que é, a fim de que ninguém se vanglorie diante dele. (1Cor 1,27-29)

O escravo Zacarias tinha diante de si a única chance de clamar a intercessão da Mãe de Milagres. E ele não desperdiçou essa chance. Com muita fé, dobrou seus joelhos próximo à imagem de Nossa Senhora da Conceição Aparecida e fez suas orações. Me pergunto: como estava o coração daquele pobre homem, cansado e depois de viver tantas adversidades? Os olhos, talvez embaçados pelas lágrimas, certamente estavam fixos nos pequeninos olhos da Virgem Aparecida. A essa altura, não havia mais medo do chicote e dos açoites que sofreria por ter fugido. Nessa hora, nada mais tinha peso ou valor para alguém tão desvalorizado pelo sistema escravocrata.

E ali, diante da imagem onde o mundo parou, os gritos de dores silenciaram, e só havia um filho e uma mãe de mesma cor de pele. Então, o milagre aconteceu!

> Por isso sinto prazer nas fraquezas, nas injúrias, nas necessidades, nas perseguições, nas angústias por amor de Cristo. Porque quando estou fraco, então sou forte. (2Cor 12,10)

As correntes – milagrosamente – se quebraram; dá até para imaginar o ruído que todo aquele metal fez ao tocar no piso daquela capela. Elas simplesmente se soltaram, trazendo uma liberdade especial e toda nova ao escravo Zacarias. Ele estava definitivamente livre dos grilhões deste mundo, e saboreava uma vitória única, alcançada com fé e devoção a Nossa Senhora da Conceição Aparecida.

O milagre das correntes do escravo Zacarias está registrado até hoje no teto da Basílica Velha, em Aparecida, através das pinturas que retratam os milagres atribuídos à intercessão de Nossa Senhora e documentados pela Igreja.

Quero acreditar que até mesmo o capitão do mato alcançou a liberdade, ao presenciar todo o acontecimento diante de seus olhos. Essa liberdade tão intensa no século XIX marca profundamente nossa História, nosso território e nossa nação.

Vivemos em um mundo cada vez mais agitado e apressado. Toda essa pressa vai nos tornando um povo cada vez mais sem memória e sem raízes. As pessoas estão correndo, e muitas vezes nem sabem para onde estão indo, porque simplesmente abandonaram suas descobertas, seus conteúdos formativos e sua fé e devoção.

Mas sempre existe uma nova chance para recomeçar! Sempre teremos a oportunidade de fazer diferente, deste ponto em diante. E as respostas que tanto buscamos talvez estejam na história feita de homens e mulheres que, antes de tudo, não negaram sua fé e a certeza de que existe um Deus capaz de transformar uma nação, a partir de quem Ele escolheu para governá-la – assim como no passado, agora e sempre, amém!

Cântico de Maria

A minha alma engrandece o Senhor, e meu espírito se alegra em Deus, meu Salvador, porque o Poderoso fez para mim coisas grandiosas.

O seu nome é santo, e sua misericórdia se estende de geração em geração sobre aqueles que o temem.

Ele mostrou a força de seu braço: dispersou os que têm planos orgulhosos no coração.

Derrubou os poderosos de seus tronos e exaltou os humildes.

Encheu de bens os famintos, e mandou embora os ricos de mãos vazias.

Acolheu Israel, seu servo, lembrando-se de sua misericórdia, conforme prometera a nossos pais, em favor de Abraão e de sua descendência para sempre.

(Lc 1,47-55)

8. O milagre do caçador e a onça-pintada

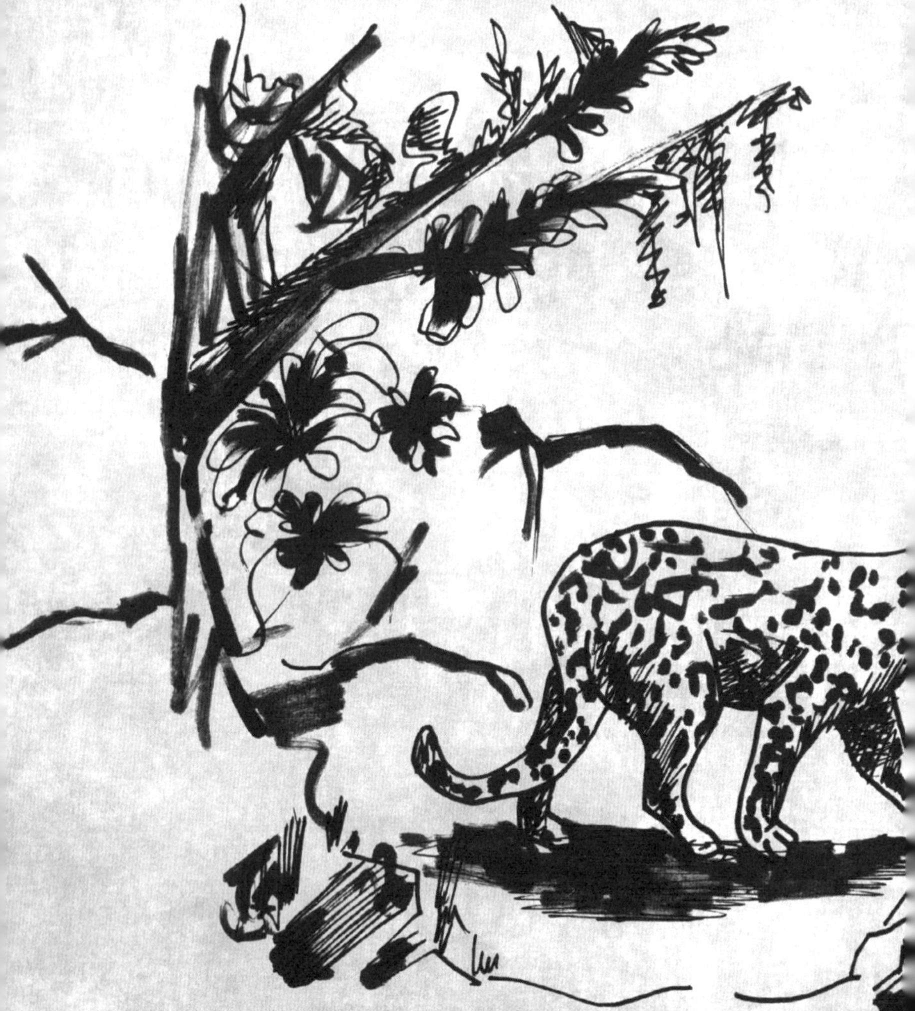

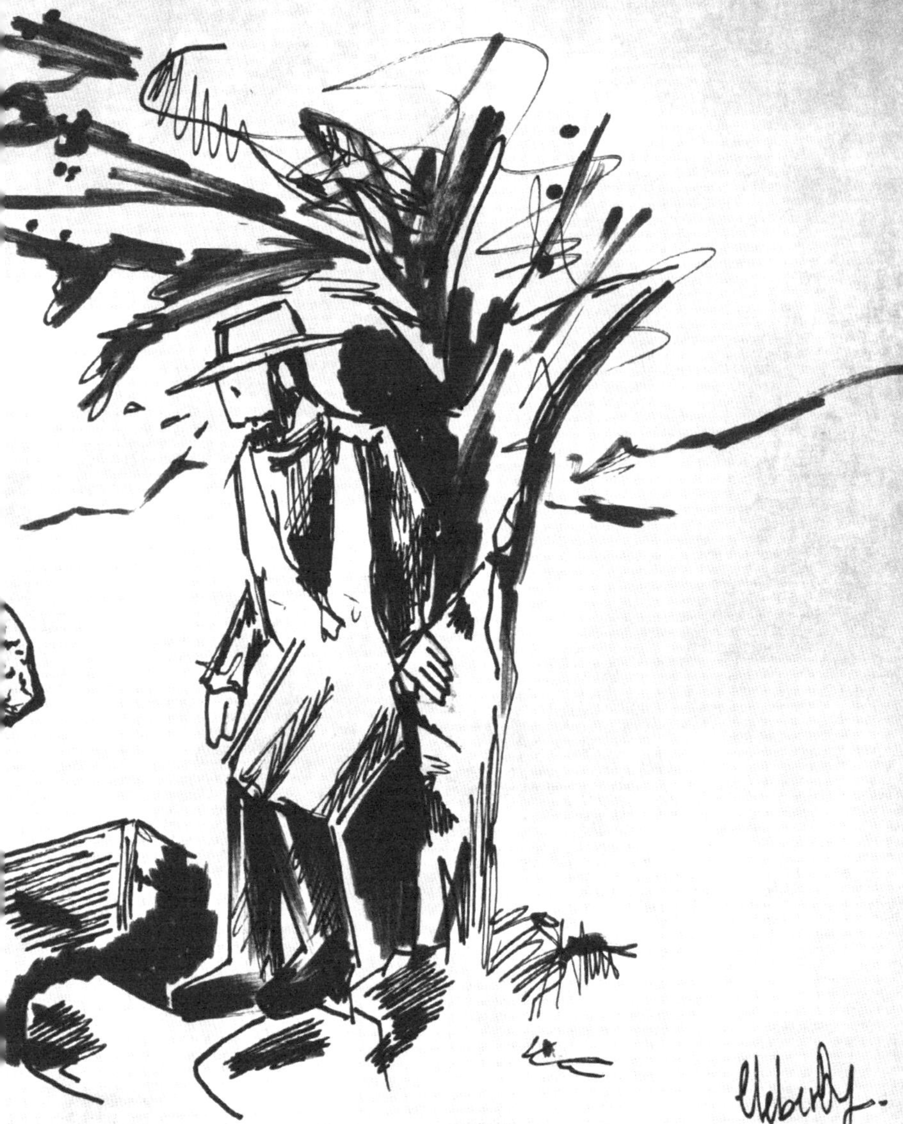

...o rei deu ordens, e eles trouxeram Daniel e o jogaram na cova dos leões. Logo ao alvorecer, o rei se levantou e correu para a cova dos leões. Quando ia se aproximando da cova, chamou Daniel... Daniel respondeu: o meu Deus enviou o seu anjo, que fechou a boca dos leões. Eles não me fizeram mal algum, pois fui considerado inocente à vista de Deus...
(Dn 6,16,19-20.22)

A FÉ DE UM HOMEM diante de situações desesperadoras é capaz de mudar o curso natural da História e causar tamanha admiração em quem ouve ou presencia tal relato. Daniel foi condenado a uma morte trágica por algo que não cometeu e, nas entrelinhas do relato bíblico, percebe-se que ele não se abalou com a condenação do rei, de lançá-lo aos leões. Por muito pouco, qualquer um de nós perderia o controle emocional, experimentaria uma tremedeira incontrolável e já nem conseguiria pensar na força de Deus sobre todas as criaturas. Mas Daniel encarou os leões de frente e confiou que sua verdade, reconhecida pelo Criador, era seu grande trunfo contra o mal imposto pelos homens deste mundo.

Permita que os ponteiros da História da humanidade caminhem dos tempos do profeta Daniel até o século XIX, depois de Cristo, para juntos encontrarmos Manoel Barreto, personagem de uma história que narra um embate entre um homem de fé e uma das mais temidas feras do território brasileiro, a onça-pintada.

Diferente de Daniel, Manoel não tinha sido condenado por algo que não fez, mas nos dias de hoje, certamente seria condenado por aquilo que fazia naquela época. Nascido e criado em Salto de Paranapanema, era um apaixonado por caçadas. Ao contrário do profeta, que entrou na cova dos leões sem nenhuma arma, o caçador tinha uma espingarda bem calibrada, que usava para abater catetos – também conhecidos como porco-do-mato, caititu ou pecari. O animal é primo-irmão da queixada, e tem como grande atrativo a carne vermelha, de sabor exótico e com baixo nível de colesterol. De excelente olfato, vive no continente americano, desde áreas desérticas até florestas tropicais, e é muito perseguido por onças.

Mas o que Daniel e Manoel tinham em comum era a fé. A história de fé de Daniel na cova dos leões tem a intervenção de Deus, e já conhecemos com detalhes nas Sagradas Escrituras. A história de fé de Manoel tem a intervenção de Nossa Senhora da Conceição Aparecida e se passa em campo aberto – mais precisamente, em uma área de mata atlântica, território preferido da onça-pintada.

A onça-pintada

O felino, que hoje corre o risco extremo de extinção, também por volta de 1824 era temido pelo homem. Até hoje, esse imponente animal faz parte do topo da cadeia alimentar da mata atlântica. Mas um estudo do Centro Nacional de Pesquisa e Conservação de Mamíferos e Carnívoros, criado pelo Ibama, concluído em 2014, revela que existem somente 250 onças-pintadas adultas no Brasil.

Com esse levantamento, também é possível constatar que houve uma redução preocupante de 80% das onças na região de mata atlântica nos últimos 15 anos. O pior é que a extinção do animal pode significar o fim da mata atlântica em pouco tempo. Isso porque a onça-pintada é predador natural de herbívoros como veados, capivaras e o porco-do-mato, que Manoel gostava de caçar no século XIX; sem a presença do felino, poderá haver um grande desequilíbrio ambiental.

São os colegas de Manoel, caçadores de hoje, os responsáveis pela redução drástica da população de onças-pintadas no país. A caça predatória foi identificada na década de 1990, mas existe também a caça retaliatória – aquela em que a onça é alvejada por invadir as comunidades ao redor da mata, e por atacar e matar animais, como vacas e bezerros.

Caminhando um pouco mais no drama que essa fera enfrenta, descobrimos que até satélites são usados hoje para identificar quais pontos da mata atlântica são efetivamente utilizados por ela. Tudo isso para que a preservação da área seja mais controlada. Isso sem falar do Instituto Chico Mendes de Conservação da Biodiversidade, que executa desde 2012 o plano de ação nacional para conservação da onça-pintada. O trabalho consiste, inclusive, em conscientizar as comunidades que vivem próximas aos *habitats* desse mamífero.

Quem diria que a onça-pintada, hoje tão ameaçada de extinção, fosse marcar para sempre a vida de Manoel, o caçador? E quem diria que, através dela, Nossa Senhora da Conceição Aparecida também seria lembrada pra sempre, depois de sua intervenção naquele final de tarde de 1824?

O caçador

O exercício de caçar animais é praticado pelo homem há milhares de anos – desde o tempo em que os grupos humanos viviam se deslocando de um lugar ao outro, à procura de alimento e de sobrevivência. Os nômades dependiam exclusivamente da caça de animais e de coleta de frutos e vegetais, até o fim do período Paleolítico. Por não terem uma habitação fixa, os nômades viviam permanentemente mudando de lugar.

À procura constante de alimentos, esses caçadores exímios acompanhavam a movimentação dos próprios animais que pretendiam caçar. Assim, procuravam os locais onde existiam frutos ou plantas a recolher, ou necessitavam se defender das condições climáticas ou dos predadores. Esses grupos usavam instrumentos feitos de pedra e osso. Alguns eram lascados para formar bordas cortantes e facilitar a obtenção de alimentos e defesa.

No Período Neolítico, a sociedade já possuía uma certa organização social, e a família já tinha sua importância. Nessa época, também eles descobriram e dominaram o fogo, que ajudava a deixar a caça ainda mais suculenta.

A Mãe de Milagres

Manoel Barreto, que morava em Salto de Paranapanema, nunca escondia de ninguém que gostava muito de caçar. Dá até para imaginar a sua rotina, quando estava determinado a sair de casa para entrar na mata e alvejar sua caça. Primeiro, dava tratamento à espingarda, limpando o ferrolho, lubrificando toda a engrenagem e testando o gatilho. Isso sem falar na limpeza do cano, que precisa ser impecável.

Hora de reunir toda a munição necessária, além da sacola para juntar toda a caça que trará de volta para casa. Manoel Barreto devia ser um caçador cuidadoso, daqueles que sabe a hora exata de entrar na mata e encontrar a caça se ajuntando para o pernoite.

E foi justamente em uma tarde dessas que o caçador de Salto de Paranapanema saiu de casa, decidido a fazer uma boa caçada. Pouco a pouco, ele foi penetrando a mata e encontrando aquilo de que precisava para abastecer a despensa de casa. Certamente não levara muita munição, porque não desejava fartura, e sim o suficiente para garantir o assado dos próximos dias. Seu alvo preferido, claro, era o porco-do-mato. E, por ser um bicho de tamanho considerável, não dava para trazer muitos nas costas.

Ele adentrou a mata atlântica, nos limites entre São Paulo e Paraná, em busca de um cateto. Imagino as pupilas do velho caçador ao se deparar com um enorme bando da caça procurada revirando o mato, bem ali à sua frente. Dizem que o coração do caçador, por mais experiente que seja, acelera antes do disparo, e é como se o músculo pulsasse já na garganta, tamanha a adrenalina que uma caçada assim provoca. Até que o gatilho é pressionado o bastante, e dois estampidos põem fim àqueles segundos intermináveis de tensão. Não dá para dizer que cada disparo de Manoel foi um porco-do-mato a menos em sua trilha, mas prefiro acreditar que ele não se arrependeu de gastar toda a sua munição com os bichos que encontrou no caminho.

Imagine a correria do Manoel e sua vibração com a caçada de sucesso. Ele não deve ter perdido tempo, e foi logo recolhendo a caça numa embalagem improvisada, pendurando-a nas costas e tomando o rumo de casa. Afinal, nenhum fim de tarde dura para sempre! E uma região de mata atlântica sem os raios do sol não é aventura que todo mundo encara com facilidade e disposição – ainda mais sabendo que aquela era uma região onde reinava a onça-pintada. Diga-se de passagem, não é só o Manoel que gosta de carne de porco-do-mato; a onça-pintada também inclui essa espécie em seu cardápio.

E foi assim, com uma sensação de missão cumprida e com passos apressados, que Manoel deve ter feito o caminho de volta para casa. Só que, depois de percorrer por algumas horas a já conhecida trilha no meio da mata, o caçador chegou a um grotão, e o que ele mais temia acabou acontecendo: deparou-se com uma enorme onça. O mais temido mamífero das matas brasileiras surgiu em sua frente, e não escondia o desejo que aflorava de seus instintos de fera. A onça-pintada já armava o grande bote para atacar Manoel, que se via sem saída e com os minutos contados.

É justamente nessa hora que a fé de Manoel se equipara à do profeta Daniel. O caçador tinha todos os motivos para se desesperar, pois já havia gasto toda a munição na caçada, e jamais teria força física suficiente para enfrentar de igual para igual uma onça. É justamente quando nada mais depende de nós, que temos a chance de entender e experimentar a graça da força sobrenatural que nos protege.

Ali, com as pupilas bem mais dilatadas do que na hora em que encontrou o bando de porcos-do-mato, Manoel se lembrou que tinha uma Mãe de Milagres. E, imediatamente ao se lembrar de Nossa Senhora da Conceição Aparecida, o caçador, prestes a virar caça, ajoelhou-se e pediu com toda sua fé para que a Virgem Aparecida o protegesse e o livrasse daquele animal feroz e tão determinado a tirar sua vida.

Certamente, a onça-pintada já sentia o cheiro do medo que Manoel exalava diante dela. Mas, que tal imaginar que a fera também ficou surpresa com o gesto do caçador, que se ajoelhou diante dela? Tudo bem que os animais não raciocinam, mas é de se duvidar que algum dia, em suas caçadas pelas matas que cercam o rio Paranapanema – que na língua geral meridional, significa "rio azarado" – o bicho já tivesse visto alguma de suas presas tão apavorada que, em vez de correr, se ajoelhasse de mãos juntas, como quem diz: "Pode vir me trucidar, porque estou pronto!".

É nessa hora que convido você a refletir sobre o poder que têm as mãos juntas que rezam! Não tenha dúvidas de que o poder da oração é capaz de mudar cursos de rios e afastar de covas e matas toda e qualquer perseguição. Mesmo as mais implacáveis se rendem ao poder sobrenatural da oração. E foi assim, presenciando o gesto do assustado caçador, que a onça fugiu sem nada fazer ao

Manoel. Provavelmente, o Manoel tremia tanto, que demorou a se levantar daquela posição de prostração.

Com o coração cheio de gratidão, ele experimentou a devoção a Nossa Senhora da Conceição Aparecida, no mais profundo sentido da palavra. O caçador, naquele final de tarde, foi caçado pelo amor da Mãe de Milagres, e acredito que nunca mais caminhou naquelas trilhas sem agradecer pelo dom da vida, que foi preservada pela intercessão de Nossa Senhora.

Conta a tradição que, em agradecimento, Manoel Barreto viajou 350 quilômetros, de Salto do Paranapanema a Aparecida, para colocar no altar-mor sua fotografia. O caçador salvo da onça-pintada também trouxe donativos para Nossa Senhora Aparecida, como forma de gratidão pela grande graça alcançada naquela tarde. Hoje é possível apreciar, na Igreja Matriz, uma pintura desse milagre atribuído à intercessão de Nossa Senhora da Conceição Aparecida, a pedido de Dom Joaquim de Monte Carmelo.

Em toda nossa caminhada de vida, não dá para prever que tipo de fera iremos encontrar pelo caminho, nem qual será a nossa reação imediata ao nos depararmos com tal situação. Contudo, é preciso ter sempre a certeza de que a fé é um exercício que se começa a praticar de forma pequena e simples, mas que nos conduzirá a uma solidez inabalável, como a experimentada por Daniel no Antigo Testamento e por Manoel no século XIX. E essa intimidade com Deus e com Nossa Senhora só se adquire querendo. Creio que este deve ser o primeiro passo da fé: aprender a conjugar e a viver o verbo *querer*. Querer ser de Deus, querer ser de Nossa Senhora, querer trilhar um caminho de santidade, fé e devoção.

Consagração a Nossa Senhora

Ó minha Senhora, ó minha Mãe, eu me ofereço todo a vós, e em prova da minha devoção para convosco, Vos consagro neste dia, os meus olhos, os meus ouvidos, a minha boca, o meu coração e inteiramente todo o meu ser. E porque assim sou vosso, ó incomparável Mãe, guardai-me e defendei-me como coisa e propriedade vossa. Amém!

9. Os milagres de hoje – testemunhos

E, ao terceiro dia, fizeram-se umas bodas em Caná da Galileia; e estava ali a mãe de Jesus. E foram também convidados Jesus e os seus discípulos para as bodas. E, faltando o vinho, a mãe de Jesus lhe disse: "Eles não têm vinho". Disse-lhe Jesus: "Mulher, que tenho eu contigo? Ainda não é chegada a minha hora". Sua mãe disse aos empregados: "Fazei tudo quanto ele vos disser". E estavam ali postas seis talhas de pedra, para as purificações dos judeus, e em cada uma cabiam duas ou três medidas. Disse-lhes Jesus: "Enchei de água essas talhas". E encheram-nas até em cima. E disse-lhes: "Tirai agora e levai ao mestre-sala". E levaram. E, logo que o mestre-sala provou a água feita vinho (não sabendo de onde viera, se bem que o sabiam os empregados que tinham tirado a água), chamou o mestre-sala ao esposo. E disse-lhe: "Todo homem põe primeiro o vinho bom e, quando já têm bebido bem, então, o inferior; mas tu guardaste até agora o bom vinho". Jesus principiou assim os seus sinais em Caná da Galileia e manifestou a sua glória, e os seus discípulos creram nele.
(Jo 2,1-12)

AO REALIZAR A SÉRIE especial de reportagens sobre os seis milagres atribuídos a Nossa Senhora da Conceição Aparecida e documentados pela Igreja, fui colhendo inúmeros testemunhos de graças e milagres experimentados por devotos e peregrinos que já estiveram no Santuário Nacional de Aparecida, ou que, mesmo sem ter pisado lá, conseguiram sentir o amor e a intercessão da Virgem Maria, Mãe de Jesus, assim como ela intercedeu pelas necessidades dos noivos nas Bodas de Caná.

Nos dias de hoje, transformar água em vinho pode ter vários significados para as pessoas que se aproximaram de Nossa Senhora – seja por uma doença, seja por um desemprego, seja pelo simples fato de querer mudar de vida e estar mais perto de Deus.

Rosí Figueiredo

Entre as pessoas que tive a alegria de conhecer está Rosí Figueiredo, coordenadora da Irmandade de Nossa Senhora Aparecida, em Lorena/SP. Ela é uma pessoa muito ativa no serviço da Igreja, e que tocou na graça de um milagre que a medicina não explica.

Era dia 17 de setembro de 2013, e faltava menos de um mês para a festa maior da irmandade coordenada por dona

Rosí. E, justo nesse dia, ela começou a tocar em algo que faria aumentar sua fé e devoção a Nossa Senhora da Conceição Aparecida. Ao percorrer um caminho escuro no estacionamento de um *shopping*, um defeito no piso causou um tropeção. A queda foi inevitável.

Socorrida e levada para um hospital, os médicos fazem a radiografia, que comprova tratar-se de uma fratura grave no braço direito – o osso se partiu em dois pedaços e se deslocou.

Nessa hora de dor e desespero, o que veio primeiro ao pensamento de dona Rosí foi o fato de não poder mais ajudar na preparação da grande festa em honra a Nossa Senhora Aparecida. Mas, nessa hora de dor e incertezas, a vida de oração, a intimidade e a devoção só poderiam resultar em milagre.

O caso no braço de dona Rosí era cirúrgico, e a operação já estava marcada para depois da festa. A devota de Nossa Senhora da Conceição Aparecida tratou de se ajoelhar e pedir todos os dias a intercessão de sua Mãezinha. Seu maior desejo era poder ajudar as amigas da Irmandade na conclusão dos preparativos para o 12 de outubro. Mesmo com o braço imobilizado, dona Rosí foi fazendo o que podia para dar sua parcela de contribuição aos festejos.

A cirurgia no braço já tinha data marcada; ela aconteceria logo depois da festa de Nossa Senhora Aparecida. A festa foi um sucesso e dona Rosí conseguiu prestar toda a ajuda e coordenar a ação da Irmandade em Lorena/SP.

Depois da festa, hora de voltar à realidade de sua enfermidade. Mas, antes de ir para a sala de cirurgia, os médicos pediram uma nova radiografia, a fim de avaliar o local exato a passar pela intervenção cirúrgica. Para a surpresa de todos, os exames mostraram que o osso do braço direito de dona Rosí havia voltado para o lugar, e as fraturas se consolidaram – coisas que a medicina não consegue explicar!

Erink Marcelo Farias e Maria Francisca Velasco

Nos últimos anos, o Santuário Nacional de Aparecida tem sido um dos locais preferidos do casal Marcelo e Maria Francisca, cada um com sua história de intimidade e amor com Nossa Senhora da Conceição Aparecida.

Desde que se aproximou do grupo de oração do Terço dos Homens, no Santuário Nacional de Nossa Senhora do Perpétuo Socorro, Marcelo percebeu que sua vida e a vida de sua família começaram a mudar. E, desde quando passou a viajar em peregrinação ao Santuário de Nossa Senhora Aparecida, pede a intercessão da Mãe de Milagres, para que ela continue lhe dando forças para passar os momentos difíceis que tem enfrentado. Ao começar a participar do Terço dos Homens e se aproximar de Nossa Senhora da Conceição Aparecida, percebeu que estavam diminuindo as feridas deixadas por uma traição de amigos que trabalhavam com ele.

Ele estava vivendo um processo de cura interior sob a intercessão da Virgem Maria, e não tinha percebido isso. Por causa da traição, ainda vive momentos complicados financeiramente, mas tem a certeza de que está sendo abençoado e que tem a proteção da Mãe de Milagres. Em fevereiro de 2017, assumiu a coordenação do Terço dos Homens, e sente que esse é um sinal de que Nossa Senhora o quer cada vez mais perto dela. Sinal também de que sua fé está muito mais forte, e de que sua confiança em Deus só tem crescido. Para Marcelo, o maior presente tem sido sua família, que tem se tornado mais devota e forte na fé; ele não tem medo de atribuir tudo isso à reza do Terço dos Homens, que acontece todas as terças-feiras no Santuário de Nossa Senhora do Perpétuo Socorro, em Campos dos Goytacazes/RJ.

Depois de tanto visitar o Santuário de Aparecida, chegou a vez da imagem peregrina de Nossa Senhora passar pela cidade de Marcelo e Maria Francisca. No dia 29 de janeiro de 2017, ela foi levada ao Santuário de Nossa Senhora do Perpétuo Socorro para um grande dia de louvor e devoção. Dois dias depois que a imagem seguiu sua peregrinação pelo Brasil – na preparação aos trezentos anos da aparição no Rio Paraíba do Sul – Maria Francisca sentiu dores fortes, e não conseguia nem ficar de pé.

Ela decidiu ir a um médico com Marcelo e descobriu, após alguns exames, que estava com pólipos, uma espécie de infecção. Já com o problema tratado, Maria Francisca não tem dúvidas de que a visita da imagem peregrina de Nossa Senhora Aparecida tem ligação com suas dores. Ela afirma que foram as dores que surgiram sem explicação aparente, que a levaram à descoberta dos pólipos. Essa condição não traz maiores consequências, quando é tratada logo, mas poderia afetar seriamente a saúde, se levasse mais tempo para ser descoberta. Para Maria Francisca, esse foi seu grande milagre recebido sob a intercessão poderosa de Nossa Senhora da Conceição Aparecida.

Ana Paula Santana, Samuel Santana e Jocimar Santana de Oliveira

O casal Ana Paula e Jocimar Santana já sonhava com o pequeno Samuel quando Leandro, um amigo e ex-coordenador do grupo de oração do qual eles participavam, na cidade de Guarulhos, na grande São Paulo, enviou uma mensagem dizendo que ele e sua família tinham sido escolhidos para ficar com uma imagem de Nossa Senhora Aparecida por uma semana. Leandro partilhou que foi tocado em oração para levar a imagem para a casa do casal, e que a passagem que o Senhor lhe inspirou foi a Visitação de Nossa Senhora à sua prima Isabel (cf. Lc 1,39-80).

A imagem veio com os amigos a Cachoeira Paulista/SP, em novembro de 2012, e foi colocada num lugar de destaque da casa. Era aniversário da Ana Paula, e todos rezaram com a Virgem de Aparecida. Um ano depois, no mês de setembro de 2013, Ana Paula teve sintomas de gravidez e resolveu fazer um teste, mas o resultado foi negativo. Num momento de profundo encontro pessoal com Nossa Senhora Aparecida, e em lágrimas, Ana pediu a intercessão para que pudesse engravidar. Seu desejo de experimentar a alegria de ser mãe já era muito grande.

No dia 12 de outubro de 2013, durante o trabalho que executava, veio a confirmação de que seu pedido estava sendo atendido. Foi durante a novena de Aparecida, transmitida pela TV Canção Nova. A imagem mostrava mulheres grávidas e com criança de colo participando do momento. Ela, naquele instante, foi tomada por uma grande certeza de que estava grávida. Ana não teve dúvidas de que essa gravidez teve a intercessão de Nossa Senhora Aparecida. Ela saiu do trabalho e fez outra vez o teste; o resultado era que estava grávida do Samuel.

A gravidez tornou Ana Paula mais próxima de Nossa Senhora da Conceição Aparecida, e hoje ela é devota da Virgem

Aparecida, além de ver o Samuel crescer em graça, tamanho e sabedoria, com o coração cheio de gratidão pelo carinho recebido pela Mãe de Milagres. A Santa tornou-se uma grande companheira nos momentos de oração e fé, não só dela, como do esposo Jocimar e do filho Samuel.

Marcelo e Ana Coli

Marcelo e Ana Coli se casaram em uma igreja de Nossa Senhora Aparecida, em Campinas/SP. Depois do casamento, viajaram em lua de mel para o Sul do país; na cidade de Camboriú, foram almoçar frutos do mar. Ana comeu mariscos e, imediatamente, começou a sentir que algo estava errado.

Os sintomas eram de quem estava tendo um choque anafilático. A garganta começou a se fechar, e ela foi ficando sem ar. A sensação era de sufocamento e aumentava gradativamente, enquanto eles saíam correndo de carro para o hospital mais próximo. Eles tiveram auxílio até mesmo de um carro de polícia, que foi abrindo o caminho com sirene aberta até o pronto atendimento.

Ana tinha a sensação de que iria sofrer um desmaio. Foi quando Marcelo se lembrou da medalha de Nossa Senhora Aparecida, que tinha no carro. Imediatamente, ele pegou a medalha e a colocou na mão de Ana.

Aos poucos, a respiração foi voltando ao normal, e logo ela estava se sentindo bem melhor. Ao descer do carro para ser atendida no Pronto Socorro, houve a constatação do milagre.

Ela não precisou tomar nenhuma medicação própria para quem tem esse tipo de alergia. Ana teve a certeza de que melhorou por causa da intercessão de Nossa Senhora Aparecida – até porque o sacramento do matrimônio que receberam foi justamente numa das casas que homenageiam a Mãe de Milagres, a igreja de Nossa Senhora da Conceição Aparecida de Campinas/SP.

Em trezentos anos de história, a Mãe de Milagres continua a interceder por seus filhos, e as graças e milagres obtidos sob sua intercessão atraem crianças, jovens, adultos e idosos dos quatro cantos do país. Nesse vai e vem de visitantes ao porto do Itaguaçu, sempre há alguém para estimular e fazer crescer essa devoção que tem endereço e nome completos: Santuário Nacional de Nossa Senhora da Conceição Aparecida.

10. O autor e a Mãe de Milagres

> *Vá para casa, para a sua família, e anuncie-lhes quanto o*
> *Senhor fez por você e como teve misericórdia de você.*
> *(Mc 5,19)*

No fim da primavera de 2016, eu trabalhava na elaboração de uma série de reportagens para o telejornal da TV Canção Nova, onde exerço a função de editor-executivo. O *Canção Nova Notícias* iria exibir, na semana da Festa da Padroeira do Brasil, celebrada no dia 12 de outubro, uma série de reportagens sobre Nossa Senhora da Conceição Aparecida.

Eu me empenhava, com grande auxílio do meu companheiro e cinegrafista, Messias Junqueira, e da produtora, Ana Elisa Castro, para concluir o material de externas e dar início à edição das reportagens. Mas, no meio daquela correria cotidiana, que todos nós repórteres e jornalistas já estamos acostumados a viver, jamais imaginei que haveria mais trabalho pela frente.

Na verdade, era um trabalho de um jeito muito diferente do que eu já estava acostumado a fazer. Não imaginava que seria desafiado a migrar minhas resumidas informações, colhidas para reportagens de no máximo quatro minutos, e transformá-las no conteúdo de um livro.

Vi a belíssima missão de escrever o livro *Mãe de Milagres* como um grande milagre profissional em minha vida – um milagre sob a intercessão poderosa de Nossa Senhora da Conceição Aparecida. Estava atravessando um tempo de "torpor profissional", e não conseguia mais ser aquele homem motivado e apaixonado pelo telejornalismo, como sempre fora até então.

O desânimo parecia me consumir, e a tentação batia à minha porta todas as noites. Sempre que a abria, algo tentador entrava e me convidava a deixar a missão de evangelizar através do telejornalismo Canção Nova. Surgia o convite para voltar a ser o homem velho, com hábitos que estavam adormecidos em meu interior.

Voltar ao jornalismo envelhecido, aos assuntos tendenciosos e cada vez mais longe da presença de Deus, certamente não me faria encontrar o que em meu interior parecia ter desaparecido.

Eu via claramente que estava sendo tentado, e já estava até gostando da ideia, traçando planos para buscar algo novo, em que nunca seria capaz de encontrar novidades. Sabia, bem lá no fundo da alma, que voltar ao jornalismo secularizado seria como garimpar em um ferro-velho peças de um carro que fossem originais e nunca usadas. Ora, não existe a mínima possibilidade de isso acontecer...

Mesmo sabendo que também não haveria chance de reencontrar meu vigor profissional num regresso aos meios de comunicação com linhas editoriais bem distantes do catolicismo, e que isso só traria lembranças e práticas jornalísticas ruins para quem um dia fez a opção de colocar seu profissionalismo a serviço da vida e da esperança que o próprio Senhor semeia em nossos corações, continuei a desejar mudanças, mas rezando e pedindo ao Senhor e à Virgem Maria, que me ajudassem a encontrar esse "novo".

Até cheguei a pensar em rascunhar algumas linhas sobre minha profissão, com a intenção de festejar meus 25 anos de telejornalismo, que celebro em agosto de 2017, com a publicação de um livro. No entanto, achava alvo muito distante de ser alcançado, já que o trabalho é exigente por si só, e a falta de tempo seria um grande obstáculo a ser ultrapassado.

> Ainda que eu mesmo testemunhe em meu favor, o meu testemunho é válido, pois sei de onde vim e para onde vou. Mas vocês não sabem de onde vim nem para onde vou. (Jo 8,14)

E não é que Nossa Senhora sondou meu coração? Na semana em que as reportagens eram exibidas, o convite de relatar em livro o que vivenciei nessa série de reportagens me foi lançado e, sem perceber, eu já estava sob a intercessão poderosa da Mãe de Milagres nesse projeto.

Instantaneamente, fui tomado por uma grande alegria interior, e tive a sensação de que estava sendo abraçado e até mesmo carregado nos braços por Nossa Senhora. Sentia que minhas forças estavam sendo recobradas, e que a alegria de me sentir no lugar certo e fazendo a coisa certa, como Deus quer que eu faça, estava de volta. Isso confirmava que eu estava no caminho que Ele quer, como jornalista a serviço do anúncio do Evangelho.

E quantos milagres experienciei, desde quando comecei a escrever as primeiras páginas dessa bela história de amor da Mãe pelos incontáveis filhos! Pouco a pouco, a Virgem Maria me convidou a dar passos concretos. E eram muitos os trajetos que a Mãe me indicava e pelos quais me orientava a caminhar. Alguns estavam esquecidos no cantinho da memória, e foram resgatados – como a descoberta que fiz, quando menino, ao entrar no quarto de minha avó Berenice e encontrar aquele tesouro em forma de pequeno "Santuário", numa das portas do seu guarda-roupas. Foi grande o impacto que senti ao ver a imagem de Nossa Senhora no centro, dizendo-me que Ela estará sempre no centro de minha história.

Retornei a esse fato com minha avó, já relatado na introdução do livro, só para lhe dizer que, às vezes, é preciso voltar à nossa primeira infância para tocar em milagres cristalinos. É lá que a pureza da criança deixa o caminho livre para grandes e eternas descobertas, as quais, num simples lampejo, nos levam de volta às lembranças marcantes de nossa meninice.

Há também outros acontecimentos, ainda recentes, que movimentam minha fé e devoção à Virgem de Aparecida. Como naquele 11 de fevereiro de 2013, dia em que a renúncia do Papa Bento XVI foi anunciada. A manhã ensolarada daquele verão de Acampamento de Carnaval na Comunidade Canção Nova, em Cachoeira Paulista/SP, parecia ter um brilho diferente de tudo que eu já tinha visto ou vivido. Até então, só tinha experimentado algo parecido no dia da morte de meu pai, em 1978.

A sensação era essa mesma! A de ter perdido alguém muito importante em minha vida. Era o anúncio de uma morte diferente, carregada de forte renúncia, determinação e obediência a Deus Pai, tendo como ponto de partida a saúde frágil do sucessor de Pedro. O Vaticano confirmava que Bento XVI renunciaria ao papado no dia 28 de fevereiro daquele mesmo ano.

A Igreja Católica só havia vivido algo semelhante com o Papa Gregório XII, em 1415, durante o Grande Cisma do Ocidente, e com o Papa Celestino V, em 1294, num gesto inesperado, já que o comum era o Papa se manter no cargo até a morte. O Papa comunicou que sua saúde frágil era a razão de sua renúncia. O Conclave de 2013 elegeu seu sucessor, Francisco.

Ao tomar conhecimento da renúncia de Bento XVI, imaginei que seria um dia de muito trabalho, apesar de ser uma segunda-feira de Carnaval. Em pouco tempo, a nossa redação ficou em polvorosa. A direção de jornalismo, de programação e de conteúdo se reunia para traçar, o mais breve possível, a mudança da programação, e fazer de tudo para manter nosso público informado a respeito do que a Igreja estava começando a viver com aquela decisão surpreendente.

A minha responsabilidade como editor-executivo era pensar nas possibilidades e colocá-las em prática. E, para tornar minha missão mais complicada, o nosso conteúdo de trinta minutos tinha dobrado de tempo, por se tratar de um assunto tão sério para a Igreja em todo o mundo.

Por volta das dez horas da manhã, sentei-me com caneta e papel na mão e comecei a rascunhar o que chamamos de "espelho" do jornal que entraria no ar às sete da noite. Confesso que estava numa tensão interior, tamanha a responsabilidade assumida. Antes que eu começasse a perder o controle emocional, já que estávamos em número reduzido para uma grande edição, fechei os olhos e pedi serenidade à Mãe de Milagres, suplicando sua intercessão e ajuda para aquela difícil tarefa.

Em pouco tempo, comecei a ouvir um som que parecia ser o toque de um celular. E a canção que saía, não sei de onde, e invadia meus ouvidos e coração, era uma das composições mais famosas do mundo, com texto em Latim e dedicada a Nossa Senhora:

> *Ave Maria de Bach/Gounod*
> *Ave Maria Gratia plena*
> *Maria Gratia plena*
> *Maria Gratia plena*
> *Ave, ave dominus*
> *Dominus tecum*
> *Benedicta tu in mulieribus*
> *Et benedictus*
> *Et benedictus fructus ventris*
> *Ventris tui, Jesus*
> *Ave Maria*
> *Ave Maria Mater Dei*
> *Ora pro nobis peccatoribus*
> *Ora, ora pro nobis*
> *Ora, ora pro nobis peccatoribus*

Nunc et in hora mortis
In hora mortis nostrae
In hora mortis, mortis nostrae
In hora mortis nostrae
Ave Maria

A peça, composta por uma melodia do compositor romântico francês Charles Gounod, foi especialmente projetada para se sobrepor ao Prelúdio Nº 1 em C maior, BWV 846, do Livro I de J. S. Bach. E foi justamente essa maravilha sonora, que me fez pedir aos colegas da redação que atendessem ao celular que estava tocando a música de Nossa Senhora. Algumas pessoas me olharam, mas continuaram com seus trabalhos, como se estivessem sem entender o que eu falava.

Então, comecei a perceber que algo sobrenatural estava acontecendo naquela bendita redação. E uma certeza tomava conta do meu coração – a de que Nossa Senhora estava ali, dando sinais de que iria cuidar de tudo, como sempre fez e faz na Canção Nova. Ao som da Ave-Maria, me vinha uma inspiração, como se tivesse a certeza de que a Virgem Maria iria me enviar anjos para me ajudar nessa empreitada e nesse dia histórico para todos nós, católicos e não-católicos.

Como se estivesse recebendo uma ordem dela, me veio ao coração a certeza de que teria de ficar inteiramente atento aos olhos de todos os colegas que se aproximassem de mim naquele dia. Todos seriam enviados por Nossa Senhora, como anjos, para me auxiliar e não deixar que eu me perdesse naquele volume imenso de trabalho, o qual nunca tinha experimentado antes.

E eles começaram a se aproximar de minha mesa e a me lembrar de detalhes importantes de nossa cobertura que não poderiam ser esquecidos, pois poderiam comprometer o trabalho de toda a equipe. Confesso que não sei precisar quantos companheiros de missão no jornalismo chegaram à minha mesa. Experimentei uma espécie de cuidado e de carinho materno, que me enchiam de serenidade, confiança e paz!

O telejornal *Canção Nova Notícias* entrou no ar pontualmente às sete horas da noite. Tivemos entradas ao vivo do Santuário Nacional de Aparecida, de Brasília e de São Paulo, todas com informações e repercussões sobre a renúncia do Papa Bento XVI. Às oito horas em ponto, nossos apresentadores, Reinaldo César e Adelita Stoebel, encerravam o jornal com o tradicional "Boa noite!".

Na redação, todos aplaudiam e vibravam com o brilhante jornal que exibimos. Um trabalho de equipe que encheu nossos corações da certeza de dever cumprido. Confesso que, enquanto os companheiros de missão vibravam, eu chorava de emoção e incerteza. A incerteza era porque não sabíamos como a Igreja caminharia naquele processo surpreendente, e a emoção brotava da grande certeza de que Deus me deu uma Mãe de Milagres, que me acalmou, me educou e me amou naquele dia, como sempre fez e faz.

> Ora, Jesus, vendo ali sua mãe, e que o discípulo a quem Ele amava estava presente, disse a sua mãe: "Mulher, eis aí o teu filho".

> Depois, disse ao discípulo: "Eis aí tua mãe". E desde aquela hora, o discípulo a recebeu em sua casa. (Jo 19,26-27)

Há acontecimentos em nossa vida cujo verdadeiro significado não compreendemos de imediato. Mas, conforme passam as horas, dias, meses e anos, pouco a pouco vamos percebendo que essa atitude de Nosso Senhor Jesus Cristo, na Cruz, perdura e se repete todos os dias de nossas vidas. Somos ou não somos discípulos amados por Jesus? Somos ou não somos filhos de Sua Mãe? E quantas vezes a recebemos em nossa casa, não é mesmo?

Estamos em 27 de fevereiro de 2004, uma manhã chuvosa na cidade de Cachoeiro do Itapemirim/ES. Por volta das seis e meia da manhã, me despedia de minha esposa, Valéria. Eu seguiria no carro da emissora em que trabalhava, para uma reunião gerencial em Vitória/ES. Como de costume, rezávamos juntos, pedindo a bênção do Senhor e a intercessão de Nossa Senhora sobre nossas vidas.

Naquele dia, entretanto, algo na oração incomodou muito a minha esposa. Depois que saí de casa, Valéria conta que havia um sentimento de morte que passou a incomodá-la quando eu parti. Em vez de voltar para a cama e dormir mais um pouco, pois ainda era cedo para seu trabalho, ela resolveu se ajoelhar diante de Nosso Senhor Jesus Cristo crucificado, que temos no quarto. Ali, ela clamou por minha vida e pela do Reinaldo, o colega que também seguia comigo para a tal reunião, cuja missão era conduzir o carro.

Ao pegar a estrada, a chuva tinha aumentado sua intensidade. Naquela época, eu já havia experimentado meu encontro pessoal com o Senhor, já dava passos fortes em minha vida de oração e tinha o Santo Terço e a Virgem Maria como sinais de fé e devoção.

Em pouco mais de dez quilômetros de estrada, senti uma fadiga e uma vontade muito grande de retirar o cinto de segurança. Passaram várias coisas pela minha cabeça, como "o cinto vai amassar minha camisa e vou chegar todo amarrotado na reunião com o diretor-geral da emissora".

Assim, já convencido que deveria mesmo soltar a fivela do cinto de segurança, resolvi baixar a mão para colocar em prática essa atitude. Só que, enquanto descia minha mão, toquei de leve no bolso da perna esquerda e senti meu terço. Então, em vez de tirar o cinto, saquei meu terço do bolso, com a intenção de rezar os mistérios dolorosos, comumente meditados em dias de sexta-feira, como aquela em que viajávamos.

Antes mesmo de terminar o primeiro mistério, ouvi meu companheiro de trabalho dizer que não estava conseguindo ver a estrada direito, tamanha quantidade de chuva. E, logo em seguida, ele disse uma frase que nunca mais esqueci: "Hum, entrei mal na curva...".

Ao ouvir essa expressão, olhei para a estrada e percebi que ele não conseguia mais segurar o carro que tinha "aquaplanado". Era como se o veículo tivesse flutuado numa imensa poça d'água que alagava uma das perigosas curvas da BR 101, entre Cachoeiro do Itapemirim e Vitória. Ainda lembro exatamente o semblante do Reinaldo, girando o volante do carro para um lado, e o bendito veículo indo para o outro. Era uma dança frenética daquela máquina, que durou eternos dez segundos.

Naqueles segundos, toda minha história foi passando por minha memória. Minhas conquistas profissionais, meu casamento, minha esposa, o nosso Davi, que ainda nem tinha sido gerado, minha mãe, meu pai, minha irmã, minha infância, a pequenina imagem de Nossa Senhora Aparecida, que minha avó Berenice tinha trazido de lembrança, numa de suas idas ao Santuário Nacional.

Logo em seguida, percebi que a pancada na mureta de proteção da BR 101 seria toda do meu lado. Segurei firme e esperei a trombada. O impacto foi tão violento, que o carro bateu na mureta e capotou de volta para a pista. Ainda lembro o som do teto do carro se arrastando pelo asfalto – parecia uma lixa grossa sendo usada numa barra de ferro. Percebi que o peso do carro pressionava o teto, e ele começava a descer e se aproximar de minha cabeça.

Quando a caminhonete parou de rodas para cima, me dei conta de que estava pendurado pelo cinto de segurança. Reinaldo já engatinhava, fazendo o teto de piso, até a tampa traseira do carro. Já do lado de fora, ele veio correndo me ajudar a soltar a fivela do cinto. Saí cantando uma canção nova, que estava começando a fazer muito sucesso nos grupos de oração e na procissão de comunhão das Santas Missas:

Quem me segurou foi Deus com seu amor de Pai
Quem me segurou foi Deus.
Quem cuidou de mim foi Deus com seu amor de Pai
Quem me amparou foi Deus!
(Diácono Nelsinho Corrêa)

Percebi que havia algo errado com meu ombro direito. Logo apareceu um carro e o motorista se dispôs a me levar de volta a Cachoeiro do Itapemirim, direto para o hospital. Após me examinar, o médico disse que eu tinha deslocado o osso da clavícula e que, se eu trabalhasse com serviço braçal, seria melhor uma cirurgia para colocar um grampo no local.

Coloque-se em meu lugar e imagine alguém que estava prestes a tirar o cinto de segurança mas que, em vez disso, resolveu rezar o terço; alguém que sofreu todo o impacto de uma batida de carro e que, se estivesse sem cinto de segurança, certamente teria morrido ou se quebrado todo – e não aconteceu nem uma coisa, nem outra. Eu estava saboreando um grande milagre, que teve as mãos de Nossa Senhora e a intercessão delicada de minha amada esposa.

Não pensei duas vezes, e fui logo dizendo ao médico que não precisaria me operar. Preferi ficar com o osso deslocado, como está até hoje, para sempre lembrar que Deus me amparou, e que Nossa Senhora e minha Valéria pediram pela minha vida e a vida do Reinaldo, que nada sofreu no acidente.

Para completar a confirmação desse milagre, cheguei em casa todo molhado e com o braço imobilizado. Fui recebido com muita emoção por Valéria, além de Rômulo e Ludimila, que trabalhavam comigo e foram até minha casa dar a notícia do acidente à minha esposa. Entrei, contei os detalhes, agradeci a Deus e à Virgem Maria, outra vez, e fui tomar um banho.

Já deitado no sofá da sala, lembrei-me do terço e pedi a Valéria que o pegasse no bolso da calça. Ela o trouxe para mim.

Era um terço com bolinhas de madeira e um crucifixo, também de madeira, com a imagem de Jesus Cristo em metal. Só que o terço estava sem a imagem de Jesus Cristo. A cruz estava vazia, e isso me deixou intrigado a ponto de pedir a Valéria que desse mais uma vasculhada no bolso. Ela fez isso e encontrou a imagem de metal.

Quando fui colar a imagem de Jesus na cruz, percebi que seu braço direito, o mesmo em que desloquei a clavícula, estava mais para cima, quase em linha reta, bem perto da cabeça. Ali, vendo aquela nova crucificação de Jesus, percebi que seu amor por mim era imensamente maior do que eu imaginava. Ele havia me salvado na Cruz e agora, a pedido de sua Mãe de Milagres, tinha acabado de me salvar outra vez. Meus olhos se encheram de lágrimas e juntos, eu e Valéria, choramos e fizemos um grande louvor ao Pai pelo dom de nossas vidas, por Ele nos ter preservado do pior.

Dia 27 de fevereiro de 2004... minha nova data de nascimento. Dia de São Leandro de Sevilha, uma figura santa de grande destaque na Espanha, e que foi arcebispo da cidade de Sevilha entre os anos de 534 e 600, além de ter presidido o Terceiro Concílio de Toledo em 589.

Oração de São Leandro
Senhor, nós vos agradecemos pela vida dos santos, que tanto nos enriquece e inspira em nossa jornada espiritual.

Agradecemos por São Leandro, e a ele pedimos intercessão, para que seja afastada de nós toda a omissão em relação ao nosso próprio crescimento espiritual, ao zelo com os ensinamentos cristãos, na formação religiosa daqueles que nos confiastes.

Pedimo-vos a graça da perseverança em seus mandamentos para que, através do nosso testemunho de vida, possamos ser guias para os que ainda não vos conhecem.

São Leandro, rogai por nós.
São José, rogai por nós.
Maria, Sede da Sabedoria, rogai por nós.
Que assim seja.

Essa oração dedicada a um santo, celebrado justamente no dia em que escapei das garras da morte, me chamou a atenção justamente no trecho que diz:

> Pedimo-vos a graça da perseverança em seus mandamentos para que, através do nosso testemunho de vida, possamos ser guias para os que ainda não vos conhecem.

Afinal, essa história vivida e relatada por mim nestas páginas mostra bem como a vida é feita de escolhas. Eu poderia ter escolhido a vaidade de ter uma camisa bem passada, sem o cinto de segurança, e hoje não estaria aqui para contar essa história. Mas escolhi a Deus e a Nossa Senhora, que me convidou a rezar o terço, e aceitei. Por isso, estou aqui para relatar todo esse milagre que experimentei. Façamos as escolhas certas em nossas vidas, e que elas sempre sejam feitas à luz de Nosso Senhor Jesus Cristo e de Nossa Senhora, a Mãe de Milagres.

11. Oração de consagração a Nossa Senhora Aparecida

PARA AS PESSOAS MAIS VIVIDAS e devotas de Nossa Senhora da Conceição Aparecida, é impossível fazer a oração de Consagração a Nossa Senhora Aparecida, sem se lembrar do Pe. Vítor Coelho. Ele foi um garoto que veio ao mundo na cidade de Sacramento/MG, no dia 22 de setembro de 1899. Na cidadezinha de Minas Gerais, onde também nasceu sua mãe, Maria Sebastiana Alves Moreira, o pequeno Vítor também foi batizado. Seu pai, Leão Coelho de Almeida, natural da cidade de São João da Barra, no Norte do Rio de Janeiro, se tornou um católico fervoroso em 1911, depois de ter feito uma promessa a Nossa Senhora Aparecida, para conseguir colocar seu filho, muito "arteiro", num colégio católico.

E foi no Colégio Redentorista de Santo Afonso, em Aparecida, levado pelo exemplo dos seminaristas e tocado pela graça de Deus, que o menino Vítor, embora tivesse sido colocado no Seminário sem a vontade de ser padre, decidiu seguir a vocação de missionário redentorista. Foi estudar na Alemanha, onde foi ordenado padre em Gars am Inn, em 5 de agosto de 1923. Um ano depois, voltou para o Brasil, em setembro de 1924.

Zeloso nas Santas Missões, trabalhou com muita dedicação no Santuário de Aparecida e, em 1951, incentivou a fundação da Rádio Aparecida. Por 36 anos, sua voz profética ecoou pelas ondas radiofônicas, falando sobre catequese, Sagradas Escrituras, formação de comunidades rurais e Doutrina Social da Igreja. A audiência cativa de seus programas era enorme.

Por volta de 1954, assumiu um programa do Pe. Laurindo Rauber, que rezava com os ouvintes a consagração a Nossa Senhora Aparecida. E foi na voz do Pe. Vitor que, por mais de trinta anos, o programa levou milhares de devotos a rezarem, com a Rádio Aparecida, a consagração rezada até hoje. Esta oração tão famosa entre os devotos da padroeira do Brasil, foi composta por um padre redentorista alemão, José Afonso Zaltmen.

Em 2013, durante sua visita ao Santuário Nacional, o Papa Francisco sugeriu aos redentoristas e ao cardeal e Arcebispo de Aparecida, Dom Raimundo Damasceno, que incluíssem três frases na tradicional oração de consagração (conforme grifos na oração abaixo). A sugestão visava levar quem fizesse a oração de consagração a Nossa Senhora da Conceição Aparecida a viver mais o Espírito Eclesial da modernidade e recuperar o aspecto cristológico da consagração. Isso porque toda oração deve ter como centro a figura de Jesus Cristo.

Ó Maria Santíssima, pelos méritos de Nosso Senhor Jesus Cristo, em vossa querida imagem de Aparecida, espalhais inúmeros benefícios sobre todo o Brasil.

Eu, embora indigno de pertencer ao número de vossos filhos e filhas, mas cheio do desejo de participar dos benefícios de vossa misericórdia, prostrado a vossos pés, consagro-vos o meu entendimento, para que sempre pense no amor que mereceis; consagro-vos a minha língua, para que sempre vos louve e propague a vossa devoção; consagro-vos o meu coração, para que, depois de Deus, vos ame sobre todas as coisas.

Recebei-me, ó Rainha incomparável, vós que o Cristo crucificado deu-nos por Mãe, no ditoso número de vossos filhos e filhas; acolhei-me debaixo de vossa proteção; socorrei-me em todas as minhas necessidades, espirituais e temporais, sobretudo na hora de minha morte.

Abençoai-me, ó celestial cooperadora, e com vossa poderosa intercessão, fortalecei-me em minha fraqueza, a fim de que, servindo-vos fielmente nesta vida, possa louvar-vos, amar-vos e dar-vos graças no céu, por toda eternidade.

Assim seja!

Leia também:

MONS. JONAS ABIB
Consolados por Maria

SANDRO ARQUEJADA
Maria humana como nós

Novenas Marianas